초등학생을 위한
좋은 심리 습관
3 자립심이 높은 아이

小学生心理学漫画 4：自助力 BY 小禾心理研究所
Copyright © 2019 by 小禾心理研究所
All rights reserved
Korean copyright © 2021 by Orange Pencil Book
Korean language edition arranged with Dook Media Group Ltd.
Through EntersKorea Co., Ltd.

이 책의 한국어판 저작권은 엔터스코리아를 통한 저작권자와의 독점 계약으로
도서출판 오렌지연필이 소유합니다.
신 저작권법에 의하여 한국 내에서 보호를 받는 저작물이므로
무단 전재와 무단 복제를 금합니다.

초등학생을 위한 좋은 심리 습관

3 자립심이 높은 아이

샤오허 심리연구소 지음

원녕경 옮김

들어가는 말

아이가 어느 순간부터 말을 잘 안 듣는다고 생각되나요? 물건을 아무 데나 던져 놓고는 잃어버리기 일쑤이고, 매사에 꾸물대며 게으름을 피우는 등 칭찬할 만한 장점보다 나쁜 습관이 더 많아진 듯하나요? 심지어 컴퓨터 게임 혹은 TV에 빠져 헤어 나오질 못하고, 그야말로 청개구리처럼 엄마 아빠의 말에 반대로만 행동하나요? 아무래도 부모의 속을 적잖이 썩이는 듯한데, 사실 이는 성장기의 아이가 거치는 일종의 통과의례입니다.

특히 아이가 초등학교에 입학한 후에는 독립심이 싹트는 데 비해 자제력이 떨어지는 상태이기 때문에 자기관리를 제대로 하지 못해 다양한 문제가 생기기 쉽습니다. 예컨대 책임감이나 시간개념 없는 행동에 많은 부모가 근심하는 식이지요. 그냥 두고 보자니 나쁜 버릇이 되어 아이의 성장에 영향을 줄까 두렵고, 어설프게 참견하자니 아이의 반항심을 키워 일상생활 혹은 공부에 악영향을 줄지 모른다는 생각이 들기도 할 겁니다.

이때 아이의 건강한 성장을 바란다면 하루아침에 아이의 성격과 생각을 바꾸겠다고 안달복달할 것이 아니라, 아이의 결점과 단점을 바라보는 시각을 달리해야 합니다. 우선 아이의 성장 과정에서 나타날 수 있는 다양한 문제를 직시하고, 아이 스스로 이를 바로잡을 능력이 있다는 사실을 믿으며, 일상생활에서 아이가 자기 자신을 관리하고 스스로 도울 수 있도록 격려해야 합니다.

심리학적으로 보면 아이의 자기 교정 능력은 주로 후천적으로 형성되는데, 이를 위해서는 아이가 자기 자신을 이해하고 받아들이는 것이 우선되어야 합니다. 그런 다음 적절한 방법을 활용한 실전 연습을 통해 조금씩 긍정적인 의식과 좋은 습관을 기름으로써 자신을 관리하며 무슨 일이든 스스로 해낼 수 있는 사람이 되어야 합니다.

이 책에는 아이의 습관을 바로잡아 독립심과 책임감을 키워 자립심을 높이기 위해 아이가 일상생활과 학교생활 전반에 걸쳐 쉽게 흡수하고 받아들일 방법들을 담았습니다. 이를 연습하다 보면 아이는 용감하게 자신의 단점을 마주하고, 나아가 정말로 좋은 생활 습관과 공부 습관을 가질 수 있을 것입니다.
우리의 아이가 이 책과 함께한다면 단언컨대 자기 자신을 잘 관리하며 멋지게 자립하는 사람이 될 것입니다.

책 사용 설명서

변화무쌍한 오늘날 아이에게 자기관리를 하는 방법, 무엇이든 스스로 해내는 방법을 가르치는 것은 매우 중요한 일입니다. 그런 의미에서 이 책은 아이들이 실생활에서 마주할 다양한 상황과 문제를 출발점으로 삼았습니다. 좋은 생활 습관을 기르는 데에는 가정교육과 부모 자식 간의 관계가 무엇보다 중요한 만큼 주로 가정에서 일어날 만한 상황을 설정해 이야기를 풀었습니다(물론 학교에서 일어날 수 있는 상황도 없어서는 안 될 부분입니다).

자기 자신 알기, 자기관리하기, 스스로 돕기, 자기 자신 키우기 등 4장에 걸쳐 총 38가지 상황에 따른 대처 방법과 연습 방법을 담았습니다. 요컨대 이 책의 핵심은 일상생활 속에서 불쑥불쑥 튀어나오는 나쁜 습관과 버릇을 아이 스스로 바로잡아 자기관리 능력과 자립심을 키울 수 있도록 하는 데 있습니다. 물론 아이들마다 각자 생활 습관이 다른 만큼 자기관리 능력과 자립심에도 차이가 있을 것입니다. 그러니 실제 상황에 맞는 장을 선택해 집중적으로 연습하거나 이 책 전체를 하나의 체계적인 훈련 프로그램으로 삼아 아이가 실생활 속 자기관리 능력과 자립심을 키우는 법을 익힐 수 있도록 해 주시기 바랍니다.

제 1 장

아이가 자신을 이해하고 받아들일 수 있도록 하는 데 중점을 두었습니다. 사실 누구나 게으름을 피우고, 제멋대로 하고 싶어 하고, 옳고 그름을 분간하지 못하는 순간이 있습니다. 아이가 이러한 사실을 깨닫는다면, 아이는 자기 자신에 대한 이해를 기초로 자신을 잘 관리해 스스로 도울 수 있을 것입니다.

제 2 장

밥을 먹으며 한눈을 팔고, 규칙을 지키지 않고, 물건을 아낄 줄 모르고, 컴퓨터나 TV에 빠지는 등 일상에서 자기 자신을 단속하지 못한 채 방임하는 데 익숙한 아이의 문제에 집중했습니다. 이는 대부분의 아이가 마주한 지극히 일상적인 문제이기도 합니다. 이러한 문제에 대처하는 법을 배운다면 아이는 빠르게 자기관리 능력을 기를 수 있을 것입니다.

제 3 장

어떻게 하면 좀 더 인내심을 가질 수 있는지, 어떻게 하면 한 가지 일에 집중할 수 있는지, 어떻게 하면 금방 싫증 내는 버릇과 안녕할 수 있는지 등 끈기와 자립 능력 부족으로 생길 수 있는 문제들을 다뤘습니다. 이를 해결하는 방법을 배우면 아이가 좋은 생활 습관을 길러 자신의 끈기와 학습 능력을 높일 수 있을 것입니다.

제 4 장

독립심, 책임감, 시간개념, 규칙의식 등 아이가 길러야 할 의식과 관념을 담았습니다. 생각의 전환과 의식 기르기는 아이의 성장에 절실히 필요한 요소로, 아이가 자기를 관리하고 스스로 돕는 데도 훌륭한 촉진제 역할을 할 것입니다.

> 차례

들어가는 말 ★ 4
책 사용 설명서 ★ 6

제1장 자기 자신 알기
01 _ 게으름 따위는 아무것도 아니야 ★ 22
02 _ 제멋대로 ★ 25
03 _ 옳고 그른 것 ★ 28
04 _ 좋아하는 것과 싫어하는 것 ★ 31
05 _ 자기관리도 문제없어 ★ 34
06 _ 나는 나의 조력자 ★ 37

제2장 자기관리하기
07 _ 밥을 먹을 때 자꾸 딴짓하게 된다면? ★ 52
08 _ 오늘부터 편식하지 않기 ★ 55
09 _ 할 일을 미루지 않기 ★ 58
10 _ 물건을 아무 데나 놓는 건 나쁜 습관이야 ★ 61
11 _ 엄마 아빠의 말에 반대로 행동하는 이유는? ★ 64
12 _ 매번 다른 사람과의 약속을 어긴다면? ★ 67
13 _ 공공장소에서 심술부리길 좋아한다면? ★ 70
14 _ 거짓말하지 않기 ★ 73
15 _ 잘못을 인정하지 않는다면? ★ 76
16 _ 친구에게 막 대한다면? ★ 79
17 _ 컴퓨터와 스마트폰에 푹 빠졌다면? ★ 82
18 _ 함부로 남의 물건에 손을 대는 버릇 고치기 ★ 85
19 _ 단체 규칙을 어겼을 때 ★ 88
20 _ 항상 다른 사람에게 피해를 준다면? ★ 91
21 _ 나보다 못한 사람 비웃지 않기 ★ 94
22 _ 무슨 일을 할 때마다 대가를 바라며 흥정하기를 좋아한다면? ★ 98

23 _ 다른 사람의 입장을 고려하지 않을 수 없어 ★ 101
24 _ 욕을 배우고 또 욕해도 되는 걸까? ★ 104
25 _ 낭비는 나쁜 습관이야 ★ 107

제3장 스스로 돕기
26 _ 기분이 나쁘다고 울며 보채지 않기 ★ 120
27 _ 조급해하지 않고 인내심 갖기 ★ 123
28 _ 집중력 높이기 ★ 126
29 _ '멀티태스킹'을 대하는 자세 ★ 129
30 _ '작심삼일'과 안녕하기 ★ 132
31 _ 좋은 습관 유지하기 ★ 135
32 _ 자신의 취미 찾기 ★ 138

제4장 자기 자신 키우기
33 _ 나는 이제 컸어(독립심) ★ 152
34 _ 해서는 안 되는 일들도 있어(경계의식) ★ 155
35 _ 규칙을 지키지 않으면 세상이 혼란해질 거야(규칙의식) ★ 158
36 _ 시간을 관리해야 해(시간개념) ★ 161
37 _ 나 자신을 통제해야 해(자제력) ★ 164
38 _ 누구나 책임을 져야 해(책임의식) ★ 168

제 1 장
자기 자신 알기

★ 나는 나를 잘 관리할 수 있어!

자기관리 왕으로 거듭나려면 자신에 대해 더 많이 알아야 해요.
우리 함께 다음 상황을 살펴봐요.

 # 게으름 따위는 아무것도 아니야

평소에 '게으름뱅이'라는 말을 자주 듣나요? 그렇다면 주로 어떤 상황에 이런 말을 들었나요? 게으름을 피울 때죠? 아무것도 하기 싫다며 움직이기 귀찮아하고, 숙제처럼 마땅히 해야 할 일을 뒤로 미루거나 간단하게 대충 때우고……. 실은 이 모든 행동이 게으름에서 비롯된답니다. 물론 누구나 게으름을 피울 때가 있고, 공부하느라 빡빡한 일정을 소화할 때 적당히 꾀를 부리면 휴식의 효과를 얻을 수도 있어요. 하지만 게으름이 습관이 되면 학습 능률은 물론 정상적인 생활에도 악영향을 줄 수 있답니다. 그렇다고 너무 걱정할 필요는 없어요. 게으름을 피우는 습관이 있다면 바로잡으면 그만이니까요. 단, 이때 무엇보다 중요한 점은 자신의 '게으름'을 직시하는 것이랍니다.

심리 분석 & 힌트

1. 하루하루를 에너지 넘치고 생기발랄하게! 열정적인 사람이 되어 보자!

2. 내가 할 수 있는 일부터 먼저 해 보자.

3. 내 일은 내가! 항상 남에게 기대는 것은 옳지 않아.

4. 바쁜 사람을 보면 먼저 도움의 손길을 내밀어 보자.

연습 & 설명

1 가끔 '꾀부리기'를 허락해 주기

긴장을 풀고 쉬어 갈 줄 알아야
빡빡한 공부도 일상생활도 더 효율적으로 할 수 있어.

일정 시간 충분한 휴식을 취하지 않고 고도의 집중력을 발휘해 계속 공부만 해도 게으름뱅이가 될 수 있어요! '꾀부리기'가 항상 나쁜 것만은 아니니, 가끔은 꾀부리기를 허락해 주어요. 게으름을 부리면 안 된다고 해서 쉬지 않고 항상 긴장을 유지해야 한다는 뜻은 아니니까요. 요즘 흔히 말하는 '워라밸(일과 삶의 균형이라는 의미의 Work-life balance의 준말)'도 정말 중요하답니다.

2 게으름뱅이가 되지 않도록 시간 계획과 목표 세우기

내일부터 시간 계획과 목표를 세워
게을렀던 지난날의 나와
작별을 고해야지!

때때로 게으름을 피우는 이유는 시간의 소중함을 모르고 목표나 계획 없이 생활하기 때문일 수 있어요. 그러니 진짜 게으름뱅이가 되기 전에 학습 및 생활 목표를 설정해 계획표를 작성해 보아요. 그런 다음 계획표를 따라 목표를 완수해 보는 거예요.

3 자신에게 적당한 책임지우기

진짜 게으름뱅이가 되지 않도록 앞으로 내가 할 수 있는 일은 스스로 할 수 있게 지켜봐 달라고 부모님께 미리 말해 두자.

게으름은 자신이 결과를 책임질 필요가 없을 때 주로 발동된답니다. 예컨대 자신이 사용했던 물컵 씻기나 옷 정리를 엄마 아빠가 대신해 준다면 우리는 더더욱 게으름을 피우게 되죠. 그러니 자신이 할 수 있는 일은 되도록 부모님에게 의존하지 말고 스스로 책임과 부담을 안아 보아요. 부모님과 상의해 특별한 상황이 아니라면 사소한 일에는 도움을 받지 않기로 약속하는 것부터 시작해 보아요.

심리학 박사님과 이야기 나누기

게으름은 인간의 천성이에요. 스탠퍼드대학교의 심리학 교수 B. J. 포그도 인간은 동기와 능력, 자극이라는 세 가지 조건이 적절한 균형을 이룰 때만 행동한다고 말했답니다. 이를 인간 행동 모델이라고 하는데, 이 모델에 따르면 우리가 왜 계속 게으른 상태에 머무르는지를 설명할 수 있어요. 요컨대 행동해야 할 충분한 동기와 어떤 일을 처리할 능력, 그리고 합리적인 자극 중 어느 하나만 부족해도 줄곧 일을 미루며 게으름을 습관으로 만들게 되는 것이지요.

그런 의미에서 시간 계획을 정하고, 자신에게 적당한 책임을 지우는 방법은 행동 모델 중 동기와 능력이라는 조건을 충족시킬 나름의 방법이라고 할 수 있어요. 그렇다면 또 다른 조건인 자극은 어떻게 해야 할까요? 여기에는 혐오치료(벌을 이용해 바람직하지 않은 행동을 수정하는 행동치료의 한 기법)법을 활용해 볼 수 있답니다. 방법은 아주 간단해요. 인형 하나를 책상 위에 올려놓고 게으름을 피우고 싶을 때마다 인형의 얼굴에 줄을 긋거나 색을 칠하는 거죠. 그러면 못생겨지는 인형의 얼굴을 볼 때마다 불쾌해지는 게 싫어서라도 게으름을 피우는 버릇을 고치자고 스스로 주의를 환기할 수 있을 거예요.

02 제멋대로

먼저 자가 테스트를 통해 자신이 심술부리기를 좋아하는 성향인지 아닌지를 알아볼까요? 심술부리기란 억지를 쓰며 제멋대로 행동하는 것을 뜻해요. 예를 들면 식사 시간이 되었는데 계속 놀고 싶은 생각에 밥을 안 먹겠다고 했다가 부모님께 한 소리를 들었다고 화를 낸다거나, 선생님께 꾸중을 듣고 억울하다는 생각에 일부러 수업을 빼먹는 행동 등이죠.

우리는 모두 나름의 성격과 감정을 가지고 있고, 또 자신의 성격대로 행동하는 것에 익숙해요. 이는 성장 과정에서 나타나는 특징 중 하나이기도 해요. 하지만 제멋대로 행동하는 것은 문제 해결에 도움 되지 않을뿐더러 엄마 아빠, 다른 친구들 사이의 관계에도 영향을 미칠 수 있어요. 그래도 다행인 점은 일상적인 연습을 통해 얼마든지 도리에 맞게 행동하는 사람으로 거듭날 수 있다는 사실이랍니다.

제멋대로 행동하게 되는 심리 (mentality)

| 상관없어.
어쨌든 난 놀고 싶은걸. | 싫어, 안 해!
싫어, 싫다고! | 밥맛 없어.
안 먹을래. | 수학은 싫어.
수학 수업 안 들을래. |

심리분석 & 힌트

1. 시간이 벌써 늦었네. 내일은 학교에 가야 하니까 일찍 자자.

2. 의사 선생님 말씀대로 약을 잘 먹어야 안 아프지!

3. 길가에서 노는 건 위험해!

4. 막무가내로 행동하면 잠깐은 기분이 좋을지 몰라도 결국 아무런 문제도 해결할 수 없어.

연습 & 설명

1 자신이 지켜야 할 생활 규칙 정하기

제멋대로 행동하지 않고 규칙적인 생활을 하기 위해 내가 지켜야 할 일상생활 규칙을 정해 보자.

지켜야 할 생활 규칙을 정해 보아요. 기상 시간과 취침 시간, 식사 시간, TV 시청 시간, 공부 시간 등을 정해 놓으면 규칙적인 생활 습관을 길러 제멋대로 행동할 기회를 줄이는 데 도움이 될 거예요.

2 결과를 헤아리는 법 배우기

결과를 헤아리는 법을 배워 자기통제 능력을 가진 사람이 되자!

나는 아직 어리니까 너무 많은 책임을 지지 않아도 된다는 습관적인 생각이 우리를 더욱 제멋대로 행동하게 만드는지도 몰라요. 결과를 헤아리는 법을 배워야 하는 이유는 바로 이 때문이에요. 결과를 헤아릴 줄 알면 자기통제 능력을 높여 성질을 가라앉힐 수 있답니다. 엄마 아빠와 상의해 식사 시간에 제대로 밥을 먹지 않으면 이후 간식을 금지하는 식의 약속을 하는 것부터 시작해 보아요.

3 이성적인 사고 키우기

나라면 억지를 부리는 친구가 좋을까? 싫을 것 같다.

습관적으로 억지를 부리게 되는 건 아직 이성적으로 문제를 생각하고 처리하는 방법을 배우지 못했기 때문이에요. 이성적 사고를 키운다는 건 간단히 말해서 도리를 지키는 사람이 되는 것을 뜻해요. 이렇게 한번 생각해 보아요. '나라면 막무가내인 친구가 좋을까?' 분명 싫을 거예요. 그렇다면 나 자신부터 도리를 지키는 사람이 되어 보는 건 어떨까요?

심리학 박사님과 이야기 나누기

제멋대로란 지극히 감정적인 표현으로, 매사에 자신의 감정을 따라 행동하는 것을 말해요. 제멋대로인 사람이 되지 않으려면 자신의 감정에 대항해야 하죠. 그러기 위해 매사에 이치를 따지고 자신의 요구가 합리적인지를 판단하는 능력, 즉 이성이 필요해요. 자신의 감정에 대항하려면 이성적으로 사고하는 능력을 높여야 해요. 이런 능력을 높이려면 많이 배우고 또 책도 많이 읽어서 지각 능력과 판단 능력, 사고 능력을 고루 높여야 한답니다. 그 외에도 이성적 사고 능력을 높이는 데에는 자제력이 필수예요. 우리 마음속에서는 이성과 감성이 끊임없이 싸움을 벌이는데, 규칙과 규율에 따라 정서적 만족에 대한 욕망을 조절하고 이성적인 판단을 내리게 하는 것이 바로 자제력이기 때문이죠.

자제력을 갖기 위해서는 규칙과 규율이 요구되는 단체 게임에 참여해 다른 친구들과 함께 어울리며 규칙을 준수하고, 자신의 행동을 단속하는 방법을 배울 필요가 있어요. 그러면 자제력을 높여 제멋대로인 행동을 통제할 수 있어요.

 **옳고 그른 것**

자기관리를 제대로 하지 못하는 이유는 행동력이 부족해서이기도 하지만 시시비비를 가리는 기준, 즉 옳고 그름을 분별하는 능력이 명확하게 확립되지 않았기 때문이기도 해요. 자기 생각대로 행동하는 것에 익숙해져 다른 사람의 감정과 공공질서를 간과하는 것이죠. 예컨대 함부로 손찌검하고, 욕을 하고, 다른 사람의 물건에 손을 대는 등의 행동은 모두 옳지 않은 행동이지만 우리가 이를 인지하지 못할 수도 있다는 뜻이에요. 그러므로 자기 자신을 좀 더 잘 관리하기 위해서는 '잘못을 아는' 지각 능력을 키워야 해요.

옳고 그름을 분별하지 못할 때 생길 수 있는 심리 (mentality)

그 애가 나를 기분 나쁘게 했으니까 나도 그 애를 놀려 줄 거야. 친구들 앞에서 난처하게 만들어야지.

이 책 진짜 재미있다. 마음에 들어. 일단 집에 가져가야겠어.

도서관에서 떠드는 게 뭐 어때서. 듣기 싫은 사람이 귀를 막으면 되잖아!

심리분석 & 힌트

1. 무슨 일이든 생떼를 쓰는 건 옳지 않아.

2. 허락 없이 다른 사람의 물건을 가져가서는 안 돼.

3. 사람이라면 누구나 공공질서를 준수해야 해. 유별나게 굴지 말자.

4. 항상 욕을 하고 사람을 때리는 건 나쁜 행동이야.

연습 & 설명

1 옳고 그름에 대한 관념 키우기

이래도 될까?
이러면 안 되는 것 아닐까?

옳고 그름에 대한 관념을 키울 때 가장 중요한 점은 옳고 그름을 분별하는 습관을 들이는 일이에요. 그러니 어떤 일을 하기 전엔 항상 '이래도 될까?', '이러면 안 되는 거 아닐까?' 하고 자문해 보아요. 그러면 경솔한 행동을 줄일 수 있을 거예요.

2 입장을 바꿔 생각하는 방법 배우기

다른 사람이 함부로 내 물건을 가져간다면······.

때로는 옳고 그름에 대한 빠른 판단이 어려울 수도 있어요. 이럴 때는 다른 사람의 입장에서 문제를 생각해 보고 해도 되는 일인지, 해서는 안 되는 일인지를 판단해 보아요. 방법은 아주 간단해요. 누군가가 함부로 내 물건을 가져간다면 나의 기분이 어떨지, 물건을 가져간 그 친구가 야속하고 밉지는 않을지 생각해 보면 되니까요.

3 엄마 아빠의 조언 귀담아듣기

엄마 아빠의 말은 틀림이 없으니 귀담아듣자!

어른의 도움을 받으면 좀 더 빨리 옳고 그름에 대한 관념을 수립해 더 효과적으로 자기관리를 할 수 있어요. 예를 들면 엄마 아빠의 의견이나 조언을 새겨 듣는 거죠. 해도 되는 일과 해서는 안 되는 일, 옳은 일과 그른 일이 무엇인지 엄마 아빠의 말을 잘 귀담아두었다가 공부를 할 때나 일상생활을 할 때 활용해 보아요.

심리학 박사님과 이야기 나누기

심리학자들은 아이의 시비 관념에 부모가 매우 큰 영향을 미친다고 말해요. 엄마 아빠와 함께 생활하는 시간이 긴 만큼 엄마 아빠의 시비 관념을 고스란히 느끼고 받아들이게 된다는 것이죠. 누가 옳은지 그른지 판단을 내릴 수 없을 때 부모님과 소통해 도움을 받아야 하는 이유는 바로 이 때문이에요.

이외에도 친구관계 역시 시비 관념에 영향을 미치는 중요한 요소라고 할 수 있어요. 친구와 함께 서로 영향을 주고받으며 각자 다른 생각들을 조금씩 이해하게 되면서 자신의 사고 능력을 키우고 타인에 대한 이해를 높이기 때문이죠. 이는 도덕적 판단과 성숙한 행동을 위해 반드시 갖춰야 할 능력이기도 해요. 또한 친구를 사귀면 함께 협력하고, 참고 견디며, 공감하고, 단체의 이익을 우선하며, 진실하게 행동하는 방법을 배워 자기중심적인 성향을 고칠 수도 있어요. 그러니 두루 친구를 사귀어 함께 자주 어울려 보아요.

좋아하는 것과 싫어하는 것

간식 먹기, TV 보기, 게임하기 등 우리가 좋아하는 일이 참 많죠? 물론 제때 밥 먹기, 제때 잠자기, 낯선 사람과 인사하기처럼 싫어하는 일도 많을 거예요. 이는 지극히 정상적인 현상이에요. 그런데 그렇다고 좋아하는 일만 많이 하고, 싫어하는 일은 적게 하거나 안 해도 된다는 의미일까요?

그렇지 않아요. 자신이 좋아하는 일은 좋아하는 일이고, 일상생활 중에는 마땅히 해야 할 임무와 책임, 처리해야 할 관계 등이 있으니까요. 이때 단순히 자신이 좋아하는 일인지 아닌지로 결정을 내려서는 안 된답니다.

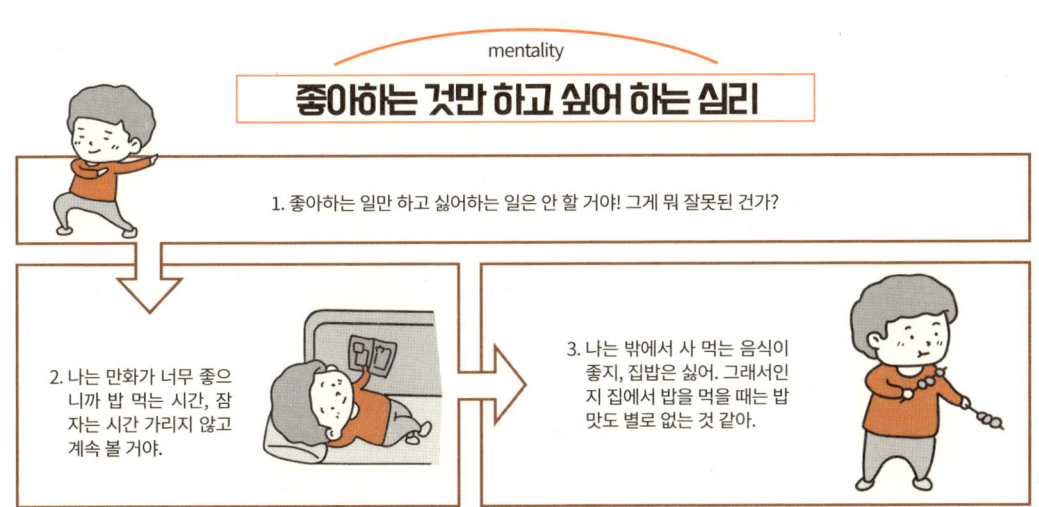

심리분석 & 힌트

1
싫어하는 일은 많지만 그래도 해야 해!

2
살다 보면 모든 일이 자기 마음에 들 수는 없어.

3
엄마 아빠에게도 싫어하는 일이 있고, 힘든 일도 있어. 하지만 휴가를 낼 수 없을 때는 여전히 일하시잖아.

연습 & 설명

1 모든 일을 다 '좋다와 싫다'로 나눌 수 없다는 사실 깨닫기

모든 일을 전부 좋아할 수는 없어. 때로는 싫어하는 일도 해야 해!

사람은 누구나 좋아하는 일과 싫어하는 일이 있게 마련이에요. 여기서 꼭 알아야 할 사실이 있어요. 바로 모든 일을 '좋다와 싫다'로 나눌 수는 없다는 사실이지요. 그러니 모든 일을 전부 좋아할 수는 없으며, 싫어하는 일도 해야 할 때가 있다는 생각을 끊임없이 되뇌어 보아요.

2 '유익한지 아닌지', '옳은 일인지 아닌지' 생각하기

나는 운동하길 싫어하지만 운동은 매우 유익한 활동이야! 그러니 평소에 자주 운동하자.

자신이 좋아하는 일만 골라 하지 않도록 스스로 판단 기준을 세워 보아요. '좋아하는 일인지 아닌지' 대신에 '유익한지 아닌지' 혹은 '옳은 일인지 아닌지'를 생각해 보는 거죠. 이런 판단 기준을 가지고 생각하는 습관을 기르면 자기 자신을 더 잘 관리하는 데에도 도움이 될 거예요.

3 '싫어하는 일'을 '좋아하는 일'로 바꾸는 법 배우기

방을 깨끗하게 청소하면 얼마나 상쾌하겠어!
좋아, 지금부터 청소를 시작하자!

싫어하는 일을 꼭 해야 할 때는 '싫어하는 일'을 '좋아하는 일'로 바꿔 보아요. 사실 일상생활에서 우리가 싫어하는 많은 일은 잘 몰라서 또는 단순히 귀찮아서인 경우가 많거든요. 예를 들면 청소가 그래요. 청소를 싫어하는 사람도 막상 청소하면 좀 더 깨끗하고 쾌적한 생활 환경을 만들 수 있음을 알게 되는데, 이러한 깨달음을 얻으면 청소가 좋아질 수 있어요.

심리학 박사님과 이야기 나누기

어떻게 해야 자신이 싫어하는 일을 할 수 있을까요? 심리학적으로는 두 가지 방법이 있어요. 그중 하나는 자신이 좋아하는 일과 싫어하는 일을 접목하는 방법이에요. 영어 공부를 예로 들어 볼까요? 영어 공부가 매우 중요하다고 생각하지만 단어 외우기를 싫어하는 사람이 많을 거예요. 지루하다고 생각하기 때문이죠. 바로 이럴 때 자신이 뭘 좋아하는지 생각해 그 방식으로 영어 공부를 해 보는 거예요. 노래나 만화책을 좋아한다면 영어 노래를 배우거나 영문으로 된 만화책을 보는 방법으로 영어 공부를 해 보는 거죠. 좋아하는 일과 싫어하는 일을 접목하면 눈에 띄게 능률을 높일 수 있을 거예요.

다른 하나는 자신이 싫어하는 일을 일정 시간 꾸준히 지속하는 습관을 기르는 거예요. 심리학자들의 연구에 따르면 간단해 보이는 행동이라도 21일 이상 꾸준히 반복하면 습관이 되고, 90일 이상 지속하면 습관이 몸에 배며, 365일 이상 반복하면 바꾸고 싶어도 쉽게 바꿀 수 없게 된다고 해요. 일단 시작해 하루하루 꾸준히 해 나아가면 기대 이상의 효과를 얻을 것이라는 뜻이죠. 그러니 의심하지 말고 지금 바로 시작해요! 21일만 지속하면 분명 그 일을 사랑하게 될 테니까요.

 **자기관리도 문제없어**

자기 자신을 파악하고 나면 '내게 이렇게나 많은 단점이 있었구나!' 하고 깨달을 거예요. 하지만 그렇다고 당황해할 필요는 없어요. 사람은 누구나 많든 적든 단점을 가지고 있고, 이는 지극히 정상적인 일이니까요.

자신의 단점을 깨닫는 것보다 더 중요한 일은 앞으로 자기 자신을 잘 관리할 수 있다는 믿음으로 자신의 단점을 직시하고, 자신을 관리하는 방법을 배워 자기관리 능력을 높이는 것이랍니다.

생길 수 있는 심리 (mentality)

| 못하는 일이 너무 많아. 난 안 돼! | 계획은 골치 아파. 그냥 마음대로 할래! | 난 아직 철이 없어서 잘못을 저지르는 게 당연해. 괜찮아. | 아직 못한 일이 많은데, 나중에 하자! |

심리분석 & 힌트

1. 나는 나를 잘 관리할 수 있어!

2. 사실 모든 일이 다 그렇게 어려운 건 아니야. 그저 습관의 문제일 뿐이니 좋은 습관을 기르자.

3. 무슨 일을 하든지 자신의 감정만 앞세워서는 안 돼. 다른 사람도 생각할 줄 알아야지.

연습 & 설명

1 자각 능력 높이기

이렇게 늦었는데 집에 안 가면 안 되겠지?
숙제를 아직 못 했으니 컴퓨터를 하면 안 될 거야.

자기관리는 일종의 능력이에요. 이런 능력을 갖기 위해서는 '마음', 즉 자각이 있어야 해요. 자각을 높이는 일이 매우 중요하다는 뜻이지요. 그러니 무슨 일을 하든 '마땅한 일인지 아닌지', '적절한 일인지 아닌지', '해도 되는 일인지 아닌지' 등 자기관리를 위한 자각을 갖는 데 도움이 되는 질문들을 스스로 던져 보아요.

2 '엄마 아빠께 폐 끼치지 않는 법' 배우기

매번 엄마 아빠를 귀찮게 할 수는 없어.
나는 내가 잘 관리해야 해!

자기관리를 잘하지 못하는 주된 이유는 내가 제멋대로 굴고, 억지를 부리고, 사고를 쳐도 엄마 아빠가 대신 해결해 주실 거라고 믿고 의지하는 마음 때문이에요. 자기 자신을 좀 더 잘 관리하기 위해서라도 앞으로는 기대지 않는 법을 배워야 해요. 그러니 주변의 작은 일부터 자신이 할 수 있는 일은 스스로 해 보아요.

3 '행동하기 전에 먼저 생각하는 습관'을 기르기

맞아. 무슨 일이든 너무 충동적으로, 경솔하게 행동해서는 안 돼. 우선 머리를 굴려 생각해 보자.

우리는 종종 너무 충동적으로, 무모하게, 제멋대로 행동하는 경향이 있어요. 자기 자신을 통제할 줄도, 문제를 처리할 줄도 몰라 결국 자신에게나 타인에게나 번거로움과 곤란함을 안기기도 하지요. 어떤 행동을 하기 전에 생각부터 해야 하는 이유는 바로 이 때문이에요. 그래야 자신이 봉착한 문제에 좀 더 잘 대처할 수 있어요. '행동하기 전에 먼저 생각하는 습관'은 자신을 잘 관리하는 데 가장 중요한 한 걸음이랍니다.

심리학 박사님과 이야기 나누기

심리학에서는 주로 두 가지 측면, 즉 몸을 단속하는 일과 생각을 다스리는 일에서 자기관리 능력이 발현되며, 몸을 단속하는 일이 생각을 다스리는 일의 전제가 된다고 이야기해요. 이탈리아의 저명한 교육자 몬테소리는 말했어요. "교육은 아이가 독립의 길로 나아갈 수 있도록 이끌어야 한다."

몸관리는 독립의 길로 나아가는 첫걸음이에요. 기고, 걷고, 뛰는 등 일련의 과정을 배우면서 처음으로 자신의 몸을 다스리는 경험을 하게 되기 때문이지요. 이는 자신의 몸을 관리할 기회를 충분히 가져야 자기관리 능력이 높아질 수 있다는 뜻이기도 해요. 몸관리 능력은 일상생활을 통해, 그리고 운동을 통해 얼마든지 높일 수 있답니다.

자기관리 능력을 높이는 과정에서 일상적인 일들 예컨대 스스로 손 씻기, 스스로 밥 먹기, 스스로 옷 입기, 스스로 화장실 가기 등은 물론이고, 운동 또한 무시해서는 안 돼요. 그러니 간단한 체조나 게임, 공놀이처럼 몸의 밸런스를 맞추는 데 도움 되는 운동을 자주 하여 손을 쓰는 능력과 밸런스, 의지력, 집중력을 높여 보아요.

06 나는 나의 조력자

사실 일상생활에는 우리가 스스로 해결할 수 있는 일이 대부분이에요. 그런데 우리가 스스로 해내지 못하는 이유는 약간의 타성 때문이거나 스스로 하는 버릇을 들이지 못했기 때문이에요. 물론 그렇다고 다른 사람의 도움이 전혀 필요하지 않다는 얘기는 아니에요. 다만, 외부의 도움을 받을 때도 '스스로의 노력'이 전제되어야 해요. 자기 자신을 돕는 일은 좋은 습관이에요. 그러니 내 최고의 조력자는 바로 나 자신임을 굳게 믿고 행동해요.

생길 수 있는 심리
mentality

에라, 모르겠다! 어차피 엄마 아빠가 도와주실 텐데, 뭐.

시간이 되면 엄마 아빠가 재촉하실 테니 괜찮아.

좋은 습관을 기르면 좋겠지만 버틸 수 없으면 관둘래! 억지로 하지 않을 거야.

심리분석 & 힌트

1 엄마 아빠가 평생 나를 도와줄 수는 없어. 내 일은 나 스스로 해야 해.

2 스스로 하는 습관을 기르자.

3 남들이 재촉해야 일을 하는 건 나쁜 습관이야.

4 공부이든 일상생활이든 모두 나의 몫이야. 다른 사람은 도와줄 수 없는 일도 많다고.

연습 & 설명

1 내가 나를 채찍질하기

무슨 일이든 내가 나를 채찍질하고 독려하자!

선생님이나 부모님, 또는 친구의 재촉에 어떤 일을 완수하는 것에 익숙한가요? 이러한 재촉도 결국은 다른 사람의 도움이랍니다. 무슨 일이든 스스로 하는 법을 배우려면 내가 나를 채찍질하고 독려하는 것부터 시작해야 해요. 내가 나를 채찍질한다는 건 다른 말로 '자기암시'하기라고 할 수 있어요. 스스로 알람 시계를 맞추고, 숙제를 점검하는 등이 모두 자기 자신을 채찍질하는 일이지요.

2 적당한 규칙을 정하고 보상하기

자립심을 키우는 데에도 방법이 중요하니 규칙과 보상 등을 정해 보자.

규칙을 정하고, 적절한 보상을 하는 방법으로 자립심을 높일 수 있어요. 예컨대 아침 7시 전에는 반드시 일어나기, 주말에는 운동하기 등과 같은 규칙을 정해 연속 10회 이상을 지키면 자신에게 작은 보상을 주는 거예요. 그러면 좀 더 쉽게 스스로 하는 습관을 기를 수 있어요.

3 다른 사람의 도움 없이는 안 되는 과거의 나 바꾸기

그래, 다른 사람의 도움에 기대 평생 살 수는 없으니 나부터 달라지자.

부모님의 도움을 받든, 선생님이나 친구의 도움을 받든 '자신의 노력과 변화'가 기반되어야 해요. 스스로 해낼 능력이 없다면 다른 사람의 도움도 제 역할을 하지 못할 테니까요.

 심리학 박사님과 이야기 나누기

어려움에 직면했을 때 다른 사람에게 도움받을 생각부터 하지 않으려면 자신의 독립성을 키워야 해요. 심리학자들은 독립심과 독립 능력 두 가지 방면으로 접근해야 독립성을 키울 수 있다고 하는데, 먼저 독립심을 기르려면 무슨 일을 하든 다른 사람의 도움을 바라지 않겠다는 역발상이 필요해요. '나를 도와줄 사람이 없다면 그 일을 혼자 잘할 수 있을까?' 하고 생각해 보는 것이지요. 이와 함께 자신에게 용기를 불어넣어 줄 필요도 있어요. 그런 다음에는 자신의 힘으로 일을 완수해 독립 능력을 키워야 해요.

독립 능력을 키우기 위한 연습을 할 때는 스스로 할 수 있는 작고 사소한 일부터 시작해요. 작고 사소한 일이라고 무시하는 건 금물이에요. 작고 사소한 일로도 얼마든지 독립 능력을 키울 수 있으니까요. 그러니 자신의 일상생활을 관리하고, 사소한 일들을 스스로 결정하며, 무엇이든 용감하게 시도해 보아요. 이러한 경험이 차곡차곡 쌓이면 어느새 습관이 되어 내 할 일을 스스로 하게 되고, 나아가 독립 능력을 키울 수 있을 거예요.

제 2 장
자기관리하기

★ 나는 게임에 빠지지 않을 거야!

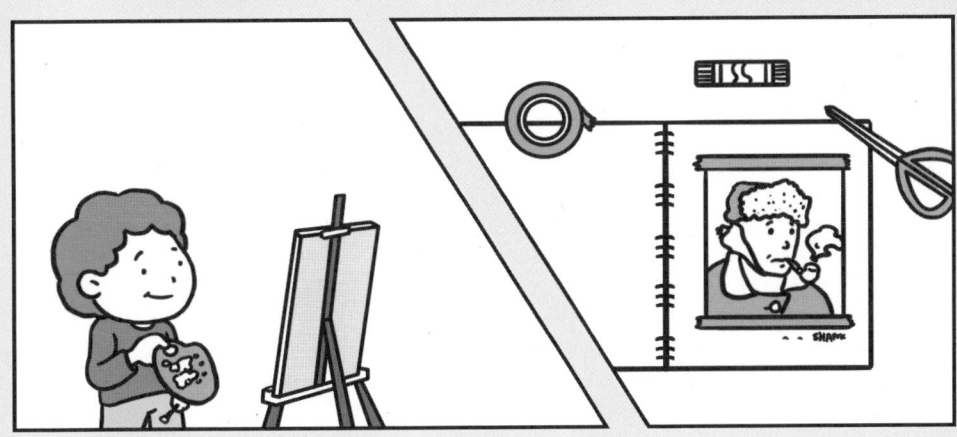

일상적인 자기관리 중 더 많은 문제를 만나게 될지도 모르니 함께 다음 상황을 살펴봐요.

 **밥을 먹을 때 자꾸 딴짓하게 된다면?**

Q. 저는 밥을 먹으면서 다른 일을 하길 좋아해요. 밥을 먹으면서 숙제를 한다든지, TV를 본다든지……. 엄마 아빠는 식사할 땐 밥 먹는 데만 집중하라고 말씀하시지만 밥을 먹으며 딴짓을 하는 게 어느새 습관이 되어 버렸어요. 저도 이게 나쁜 버릇이란 걸 알지만 이제 와 고치자니 조금 어려운 것도 같고, 이럴 땐 어떻게 해야 할까요?

A. 밥을 먹을 때 한눈을 파는 친구가 한둘은 아닐 거예요. 이는 확실히 우리 친구들 연령대에서 흔히 볼 수 있는 습관이니까요. 하지만 나쁜 습관은 얼마든지 바로잡을 수 있어요. 끊임없이 연습만 한다면 말이지요.

밥을 먹으며 딴짓을 하게 되는 심리 (mentality)

숙제는 많은데 시간이 없네. 밥을 먹으면서 숙제를 해야겠어.

TV 프로그램이 정말 재미있다. 밥 먹을 때도 봐야지.

밥 먹는 건 중요하지 않아. 공부하고 노는 게 중요하지.

밥만 먹는 건 시간 낭비야. 밥을 먹을 때도 다른 뭔가를 해야겠어.

심리분석 & 힌트

1. 식사는 매우 중요한 일이니까 집중해야 해.

2. 열심히 밥을 먹고, 식사를 마친 후 다른 일을 하는 게 더 효율적일 거야.

3. 딴 데 한눈팔지 않고 모든 일의 즐거움을 제대로 누려야 해. 밥을 먹을 때도 마찬가지야!

연습 & 설명

1 아무리 급해도 밥은 다 먹고 하기

밥을 먹으면서 숙제를 하는 건 효율적이지 않아.

급히 숙제를 해야 할 때면 밥을 먹으며 숙제해야겠다는 생각이 들 거예요. 하지만 이게 습관이 되면 숙제가 많지 않거나 없을 때도 딴 일을 하며 밥을 먹게 된답니다. 그러니 아무리 급해도 밥은 다 먹고 하겠다는 규칙을 정해 보아요. 그러면 밥을 먹으며 숙제하는 게 그리 효율적이지 않다는 걸 알 수 있을 거예요.

2 식사를 즐거운 일로 만들기

오늘의 메뉴는 무엇인지, 특식은 없는지, 엄마 아빠와 자주 이야기를 나눠 보자.

밥을 먹으면서 딴짓을 하는 것은 대개 음식 자체에 관심이 없기 때문이에요. 그러니 이러한 버릇을 고치기 위해서는 무엇보다도 식사를 즐거운 일로 만드는 것이 중요해요. 그렇다면 어떻게 해야 식사를 즐거운 일로 만들 수 있을까요? 평소 엄마 아빠와 '오늘의 메뉴는 무엇인지', '좋아하는 음식은 무엇인지' 등에 대해 자주 이야기를 나누며 맛있는 음식에 관심을 가지는 일부터 시작해 보아요.

3 엄마 아빠와 함께 좋은 식사 분위기 만들기

일단 다른 일은 제쳐두고 가족과 함께하는 식사 시간을 제대로 즐겨 보자!

가족과 함께하는 식사 시간은 하루 중 가족이 교류를 할 수 있는 귀한 시간이에요. 그러니 엄마 아빠와 함께 좋은 식사 분위기를 만들어 식사 시간을 나눔과 교류의 시간으로 만들어 보길 추천해요.

심리학 박사님과 이야기 나누기

심리학에서는 의식적인 노력의 정도에 따라 주의집중력을 '비자발적 주의집중'과 '자발적 주의집중'으로 나눠요. 비자발적 주의집중은 미리 정해진 목적이 없어도, 굳이 의도하지 않아도 무의식적으로 주의가 집중되는 것을 말하죠. 반대로 자발적 주의집중은 정해진 목적을 가지고 의식적인 노력으로 주의를 집중하는 것을 뜻해요.

연구에 따르면 연령대에 따라 주의집중 시간에 차이가 있는데, 나이가 어릴수록 주의집중 시간이 짧다고 해요. 실제로 2세의 평균 집중 시간은 7분, 4세는 12분, 6세는 30분으로 나타났다고 해요. 즉, 여러분은 아직 나이가 어려 주의집중력이 완전히 발달한 상태가 아니기 때문에 장시간 집중하기가 어렵고, 그런 까닭에 밥을 먹을 때도 자꾸 다른 일에 한눈을 팔게 될 수 있어요. 하지만 여러분은 얼마든지 주의집중력을 높일 수 있답니다. 평소 미로 찾기나 다른 그림 찾기 등 집중력 훈련에 좋은 게임을 즐겨 보아요. 차분히 마음을 가라앉히고 차근차근해야 하는 이런 게임들이 정신집중에 도움을 주고, 더 나아가 주의집중력을 높여 줄 거예요.

 # 오늘부터 편식하지 않기

Q. 이거 안 먹어, 저것도 안 먹을래. 엄마 아빠는 편식을 없애겠다며 꼭 제가 싫어하는 음식만 해 주세요. 많이 먹어야 한다면서 말이지요. 하지만 부모님이 이럴수록 더 먹기가 싫어져요. 맛있는 음식은 더 많이 먹고 싶고, 맛없는 음식은 적게 먹거나 안 먹고 싶은 게 정상 아닌가요? 편식을 안 하기란 조금 어려운 일 같아요.

A. 확실히 편식은 흔한 일이에요. 거의 모든 친구가 선호하는 음식이 있다고 해도 과언이 아닐 정도로요. 하지만 편식은 영양불균형을 초래해 여러분의 건강에 영향을 미친답니다. 적당한 편식은 괜찮지만, 편식이 심하다면 건강을 위해 식습관을 바로잡아야 해요.

mentality
편식을 하게 되는 심리

채소는 대부분 맛이 없으니 조금만 먹거나 안 먹을래.

내 입에 맛있는 음식만 먹는 게 뭐 어때서! 지극히 정상적인 일이잖아.

맛있는 음식만 먹을래. 맛없는 음식은 먹으라고 해도 먹고 싶지 않은걸.

엄마 아빠가 내게 많이 먹이려고 하는 음식일수록 먹기가 싫어!

심리분석 & 힌트

1 골고루 먹어야 더 튼튼해질 수 있어.

2 시도조차 하고 싶어 하지 않아서 그렇지, 실은 그렇게 맛없지 않은 음식들도 있어.

3 입이 즐거운 식사만 할 수는 없어.

연습 & 설명

1 영양과 건강의 상관관계 이해하기

고기만 먹고 채소를 먹지 않는 게 이렇게나 몸에 안 좋은 거였다니. 설탕을 많이 먹으면 건강에 해로운 거였구나.

배척하는 마음은 어떤 사물이나 대상에 대한 무지와 이해 부족에서 비롯되는 경우가 많아요. 다시 말해서 영양과 건강의 상관관계를 이해하면 편식하는 습관을 바로잡는 데 도움 된다는 뜻이지요. 그러니 평소 엄마 아빠와 해당 분야의 지식을 나누고, 음식에 관한 책도 많이 읽어 보아요.

2 본능적으로 거부하게 되는 음식이라도 먹어 보려고 노력하기

이 음식은 맛이 없어 보였는데 먹어 보니 맛있네! 속았다!

편식을 하는 이유는 크게 두 가지로 나눌 수 있어요. 하나는 정말 맛이 없는 음식이라서, 또 하나는 본능적으로 먹기 싫다는 생각이 들어서! 엄마 아빠가 많이 먹으라고 말하는 음식일수록 먹기가 싫어진다거나 먹어 본 적 없지만 맛없을 것 같다는 생각이 드는 경우가 후자에 해당하지요. 이처럼 본능적으로 거부하게 되는 음식이 있다면 일단 먹어 보려는 노력이 중요해요. 막상 먹어 보면 내 입맛에 잘 맞을지도 모르거든요.

3 엄마 아빠와 서로 감시하기

엄마 아빠가 편식하면 나도 한마디 해야지!

가족 중에 꼭 나만 편식을 하고 있을까요? 어쩌면 엄마 아빠도 편식하고 있을지 몰라요. 그러니 엄마 아빠와 서로의 감시자가 되어 함께 편식하는 나쁜 습관을 바로잡아 보아요. 이렇게 서로서로 주의를 환기하며 올바른 식습관을 갖도록 독려하다 보면 음식과 균형 잡힌 식사를 더욱 중시하게 될 거예요.

심리학 박사님과 이야기 나누기

인본주의 심리학자 매슬로는 인간의 욕구를 생리적 욕구, 안전의 욕구, 애정과 소속의 욕구, 존경의 욕구, 자아실현의 욕구 이렇게 다섯 단계로 나눴어요. 이 중에서 생리적 욕구는 인간의 가장 기본적이고 일차원적인 욕구로 물이나 음식, 수면 등에 관한 욕구를 포함하고 있죠. 생존을 위해 물리적으로 요구되는 필수 요소인 만큼 생리적 욕구는 우리의 행동에 가장 강력한 원동력이 된답니다. 배가 고프면 음식에 대한 욕구가 강해져 자연스레 음식을 찾게 되는 것처럼 말이지요.

그런 의미에서 편식은 배가 그리 고프지 않아 음식을 먹고자 하는 욕구가 강하지 않은 상태에서 나타나는 행동이라고 볼 수 있어요. 그러니 평소에 간식을 줄이고, 많이 움직여 보아요. 특히 매일 TV 앞에 앉아 애니메이션만 보지 말고 운동량이 큰 활동을 하는 게 중요해요. 그러면 위장의 음식물 소화 흡수를 촉진해 배고픔을 느끼게 되고, 배고픔으로 말미암은 고통과 긴장감, 초조함을 해소하기 위해 편식 따윈 생각할 겨를도 없이 얼른 배를 채워야겠다는 생각이 들 테니까요.

할 일을 미루지 않기

Q. 학교에서 내준 방학 숙제를 미루고 미루다 개학을 코앞에 두고 시작하는 바람에 며칠을 허겁지겁 숙제만 하며 보냈어요. 원래는 빨리 끝낼 수 있는 분량이지만 너무 미룬 탓에 하마터면 제 때 끝내지 못할 뻔했어요. 다음부터는 절대 미루지 말아야지 다짐했지만 과연 제가 다짐대로 할 수 있을지 모르겠어요.

A. 할 일을 미루고 꾸물대는 습관 때문에 결국 잔뜩 쌓인 일에 스트레스를 받는 친구가 적지 않답니다. 그런데 이 문제를 해결하기 위해서는 다짐 말고도 적당한 방법이 필요해요.

일을 미루고 꾸물거리게 되는 심리 (mentality)

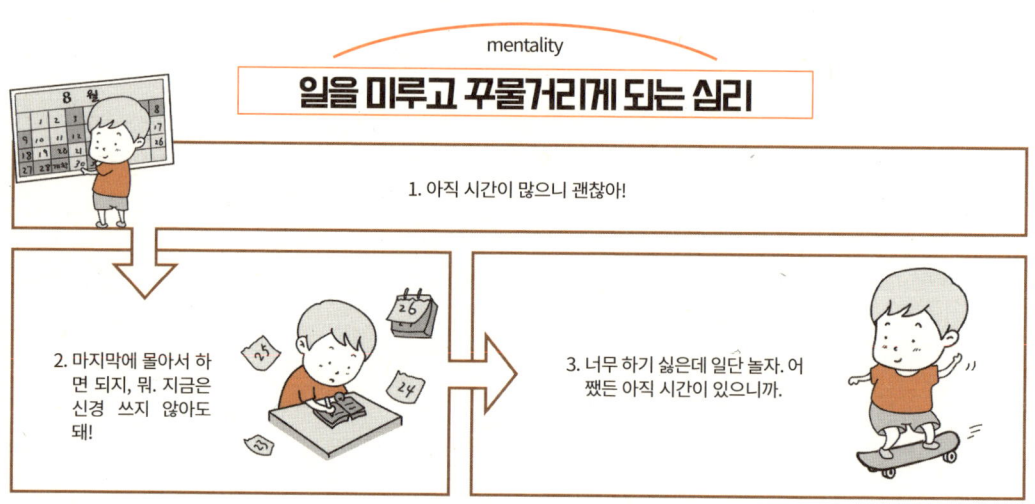

1. 아직 시간이 많으니 괜찮아!
2. 마지막에 몰아서 하면 되지, 뭐. 지금은 신경 쓰지 않아도 돼!
3. 너무 하기 싫은데 일단 놀자. 어쨌든 아직 시간이 있으니까.

심리분석 & 힌트

1. 할 일을 끝까지 미룬다고 저절로 해결되는 건 아니야.

2. 할 일이 쌓일수록 결국 나만 바빠지게 될 거야!

3. 숙제를 먼저 끝내도 다른 일을 할 시간은 많아.

4. 숙제를 끝내면 걱정 없이 다른 일에 더 몰입할 수 있어.

연습 & 설명

1 행동력 높이기

해야 할 일은 미룰 생각 말고 바로바로 하자!

어른들은 '행동력을 높여야 한다'라는 말을 자주 하는데, 여기서 행동력이란 말 그대로 행동하는 능력을 말해요. 사실 행동력을 갖기란 그리 어려운 일이 아니랍니다. "이따가"하는 버릇을 버리기만 하면 되니까요. 해야 할 일이 있다면 "조금 이따가" 혹은 "나중에"라고 말하며 미룰 생각 말고 그때그때 바로 하는 버릇을 들이도록 해요.

2 오늘 일은 오늘 마치기

매일 그날의 할 일이 있으니 오늘 일을 내일로 미루지 말자.

우리에겐 그날그날 끝내야 할 일들이 있으니 미루고 꾸물대는 습관을 고쳐야 해요. 오늘 일은 내일로 미루지 않고 반드시 오늘 안에 끝낸다는 규칙을 세워 보아요. 할 일을 쌓아 두지 않고 그날그날 끝내면 미루는 습관을 고칠 수 있을 거예요.

3 자신이 할 일에 기한 정하기

자꾸 일을 미루는 건 긴박감이 없어서야.

부담이 있으면 긴박감이 생기고, 긴박감이 생기면 어떤 일을 미루거나 꾸물대는 일이 줄어들지요. 그러니 자신이 할 일에 스스로 기한을 정해 보아요. 어떤 일을 언제까지 꼭 마치겠다고 기한을 정하고, 채 마치지 못한 경우 다른 일을 할 수 없다는 식의 규칙을 정해 놓으면 어느 정도의 긴박감을 유지할 수 있을 거예요.

4 엄마 아빠에게 주의를 환기해 달라고 부탁하기

그래, 엄마 아빠께 나를 지켜보며 주의를 환기해 달라고 부탁하자!

할 일을 미루고 꾸물거리는 습관을 고치려면 나를 지켜봐 주고, 주의를 환기해 줄 사람도 필요해요. 그러니 엄마 아빠와 상의해 필요한 경우 주의를 환기해 달라고 부탁해요. 본인의 의지에 부모님의 도움까지 받는다면 금세 미루는 습관을 고칠 수 있을 거예요.

심리학 박사님과 이야기 나누기

엄마 아빠에게 도움을 청할 때는 임무 재구성의 전략을 사용해 달라고 부탁해 보아요. 심리학 연구에 따르면 장기 임무보다 목표가 명확한 단기 임무를 제때 완료하기 더 쉽다고 하거든요. 그러니 엄마 아빠에게 가능한 한 단기 임무를 정해 달라고 부탁하는 거예요. 예를 들면 숙제는 두 시간 안에 끝내기로 정하는 거죠. 시간 안에 끝내기 어려울 거란 생각이 든다면 지금부터 30분 동안 네다섯 문제 풀기를 시도해 보아요. 그럼 두 시간도 채 안 돼 숙제를 마친 자신을 발견하고 깜짝 놀랄 테니까요.

부모님이 시간 계획표를 짜 주실 경우, 여러분이 아직 어려 장시간 집중력을 발휘하기가 어렵다는 사실을 말씀드리는 게 무엇보다 중요해요. 그래야 여러분의 주의집중 능력에 맞게 시간표를 짤 수 있을 테니까요. 여러분이 집중할 수 있는 시간 안에 임무를 완료하도록 크고 장기적인 임무를 작고 단기적인 임무 여러 개로 다시 구성해 보아요. 그럼 임무를 완수하는 데 훨씬 도움 될 거예요.

10 물건을 아무 데나 놓는 건 나쁜 습관이야

Q. 저는 물건을 자주 잃어버려요. 이번에도 또 제가 좋아하는 만년필을 잃어버렸어요. 분명 책상 위에 둔 것 같은데 아무리 뒤져 봐도 찾을 수가 없더라고요. 엄마께 물었더니 엄마도 못 봤다며, 또 물건을 잃어버린 거냐고 꾸중하셨어요. 물론 저도 물건을 아무 데나 놓는 게 나쁜 습관이라는 걸 알아요. 고쳐 보겠다고 마음도 먹었는데 얼마 가지 못할까 봐 겁이 나요. 무슨 좋은 방법이 없을까요?

A. 물건을 아무 데나 놓는 습관이 나쁘다는 걸 알았으니 이 나쁜 습관을 고치는 데 절반은 성공했다고 볼 수 있겠네요. 한 번 시도에 그치지 말고 지속적으로 물건을 정리 정돈할 방법을 찾아보아요.

mentality
물건을 아무 데나 놓는 심리

일단 아무 데나 놨다가 나중에 정리하지, 뭐!

아무 데나 놓자. 어질러지면 엄마 아빠가 정리해 주실 거야.

아무 데나 뒀다가 필요할 때 다시 찾으면 돼.

나도 물건을 제자리에 잘 두고 싶은데 얼마 못 가 다시 어질러지네.

심리분석 & 힌트

1 물건을 아무 데나 놓으면 잃어버리기 쉬워!

2 아무 데나 물건을 두면 방이 지저분해지고 생활환경에도 영향을 줄 거야.

3 처음엔 하나라 별거 아닌 것 같지만 그렇게 늘어놓다 보면 금세 어수선해질걸.

4 물건을 아무 데나 놓는 버릇은 쉽게 고칠 수 있어!

연습 & 설명

1 귀찮음을 이겨 내고 즉시 제자리에 물건 돌려놓기

물건을 함부로 두면 안 돼. 그때그때 정리하는 습관을 들이자.

물건을 아무 데나 내팽개치는 이유는 대부분 게으름 때문이에요. 물건을 함부로 두는 문제를 해결하기 위해서는 바로 이 게으름을 극복해야 하지요. 그러니 평소 자신에게 이렇게 되뇌어 보아요. '일단 두고 이따 정리할 생각하지 말고 바로바로 물건을 정리해야 해'라고 말이에요.

2 내 학용품과 책장 관리하기

그래, 내 책상과 책장, 가방 정리부터 시작하는 거야.

정리하고자 하는 목표가 없을 때도 물건을 함부로 하기 쉬워요. 목표가 없으니 물건을 잘 정리하고 관리하는 습관을 기르기가 어려운 것이지요. 그러니 물건을 정리할 때는 구체적인 목표를 세워 보아요. 예를 들면 '내 책상과 책장, 가방 정리부터'라는 목표를 세워 차근차근 물건을 정리하고 관리하는 습관을 기르는 거예요.

3 부모님께 물건 정리의 기술 배우기

엄마 아빠에게 물건을 정리하는 방법을 배워 정리의 달인으로 거듭나야지.

엄마 아빠에게 물건 정리의 기술을 배워 보아요. 물건을 분류하는 방법이나 각각의 물건이 있어야 할 곳들을 제대로 알아 두면 필요할 때 언제든 활용해 작은 성취감을 쌓아 갈 수 있답니다.

4 엄마 아빠를 도와 집안일하기

부모님을 도와 집 안이 어수선해지지 않게 물건을 정리해야지!

엄마 아빠를 도와 집안일, 특히 물건을 정리하고 청소하는 일을 해 보아요. 그러면 물건 정리의 필요성은 물론, 물건을 아무 데나 두었을 때의 문제점을 깨달아 정리하는 습관을 길러야겠다는 마음이 저절로 생길 거예요.

심리학 박사님과 이야기 나누기

스스로 물건을 정리하는 습관을 기르는 것 외에 또 어떤 점들을 주의해야 할까요? 심리학자들은 물건을 아무 데나 두고 정리하지 않는 행동을 의식의 문제라고 생각한답니다. 즉, 물건을 아무 데나 내팽개치는 행위가 방을 어지럽혀 청결과 미관에 영향을 줄 것이라고 생각하지 못하기 때문에 이런 행동을 한다는 것이지요.

물건을 아무 데나 두었을 때의 문제를 몸소 느껴야 해요. 그래야 정리를 해야겠다는 깨달음을 얻을 테니까요. 깨끗하게 정돈된 친구의 방을 잔뜩 어지럽혀진 자신의 방과 비교해 보는 것도 좋아요. 보는 사람까지 기분이 좋아질 정도로 깨끗한 친구의 방을 보고 나면 어수선한 자신의 방에는 발도 들이고 싶지 않을 거예요. 엄청난 대비를 통해 깨끗하고 잘 정돈된 공간이 주는 즐거움을 알았을 테니까요. 그리고 앞으로는 기분 좋은 상태를 유지하기 위해서라도 물건을 제자리에 놓고, 스스로 방 정리를 하게 될 거예요.

11. 엄마 아빠의 말에 반대로 행동하는 이유는?

Q. 언제부턴가 엄마 아빠는 제가 조금 반항적이 되었다고 말해요. 무슨 일이든 엄마 아빠의 말에 반대로 행동하길 좋아한다면서요. 그런데 제가 생각해도 그런 것 같긴 해요. 조금 쉬었다 숙제를 하라는 부모님의 말씀에 한사코 됐다고 하고, 도서관에 가길 좋아하면서도 주말에 도서관에 데려가 주시겠다는 것을 거절했거든요. 가끔은 부모님이 제게 이래라저래라 명령하는 것처럼 느껴질 때도 있는데 저는 그게 싫어요.

A. 이런 고민과 반항심이 생겼다면 우선 축하해야 할 것 같네요. 독립심과 자의식이 생기기 시작했다는 증거니까요. 다만 많은 친구가 이러한 감정 변화에 어떻게 대처해야 할지를 몰라 자기도 모르게 반항하고, 부모님의 모든 말을 잔소리로 여기게 되는 것뿐이랍니다.

mentality
반항을 하게 되는 심리

엄마 아빠는 잔소리를 너무 많이 하셔. 잔소리는 싫은데.

엄마 아빠 말은 듣고 싶지 않아. 나도 내 생각이 있다고.

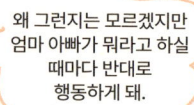

왜 그런지는 모르겠지만 엄마 아빠가 뭐라고 하실 때마다 반대로 행동하게 돼.

어른들은 내가 뭘 하고 싶어 하는지 몰라. 난 어른들이 말하는 일에는 관심 없는데.

심리분석 & 힌트

1. 어쨌든 엄마 아빠도 나를 위해 하시는 말씀이니 새겨듣자.

2. 나보다 인생 경험이 더 풍부한 분들이니 부모님의 조언을 귀담아들어 보자.

3. 무슨 일이든 반대로 행동하는 건 너무 억지잖아?

4. 엄마 아빠의 말이 옳지 않을 수도 있어. 그럴 때는 대화를 하자.

연습 & 설명

1 반항 대신 소통하기

엄마 아빠의 말에 엇나가게 행동하면 문제를 해결하기는커녕 오히려 문제를 악화시킬 수 있어.

엄마 아빠의 말씀이 대부분 옳긴 하지만 그렇다고 항상 옳다는 뜻은 아니에요. 이럴 때 자신의 의견을 표현하고 소통하는 방법을 모르면 반항하기 쉬워요. 무슨 일이든 엄마 아빠의 말에 반대로 행동하며 엇나가는 방법으로 불만을 표출하는 것이지요. 그러나 이래서는 문제를 해결할 수 없으니 의견이 다를 때는 먼저 감정을 추스르고 반항 대신 소통을 시도하길 추천해요.

2 부모님은 나를 위한다는 사실 잊지 않기

엄마 아빠는 나를 위해서, 나 잘되라고 그러시는 거야!

부모님은 언제나 나를 위한다는 사실을 잊지 말고, 입장 바꿔 생각하는 방법을 배워요. 그러면 청개구리 심보가 발동할 일도 없을 거예요.

3 독립심을 표현하는 올바른 방법 알기

무슨 일이든 어깃장을 놓으며 불만을 표출하는 방법은 너무 미성숙한 행동 아닐까?

부모님에게 휘둘리고 싶어 하지 않는 이유는 스스로 독립적인 존재라고 생각하기 때문이에요. 그만큼 엄마 아빠의 말에 본능적으로 거부감을 느끼기 쉽지요. 문제는 자신의 독립심을 표현하는 올바른 방법을 몰라 일단 어깃장을 놓고 본다는 것이에요. 하지만 정말 자신이 다 컸다고 생각한다면 좀 더 성숙하게 행동해야 하지 않을까요? 부모님과 생각이 다르다고 무조건 반항할 게 아니라 모두와 함께 자기 생각을 나눠 보아요.

4 '비협조적인 태도'가 습관이 되지 않게 하기

부모님과의 관계에 문제가 있는 게 틀림없어!

때로는 스트레스를 해소하기 위해 혹은 습관적으로 부모님의 말씀을 거역하고 반대로 행동하는 경우도 있는데, 이는 부모님과의 관계에 문제가 있는 것이 분명해요. 이럴 때는 부모님께 자신의 고민을 털어놓고, 대화를 통해 엄마 아빠와의 관계를 개선하길 추천해요.

심리학 박사님과 이야기 나누기

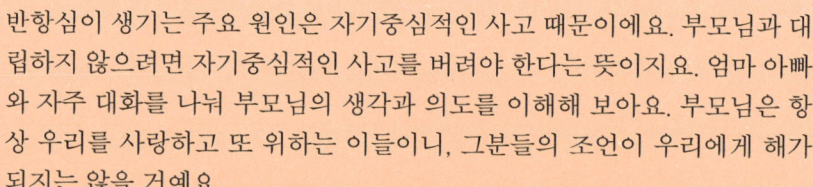

반항심이 생기는 주요 원인은 자기중심적인 사고 때문이에요. 부모님과 대립하지 않으려면 자기중심적인 사고를 버려야 한다는 뜻이지요. 엄마 아빠와 자주 대화를 나눠 부모님의 생각과 의도를 이해해 보아요. 부모님은 항상 우리를 사랑하고 또 위하는 이들이니, 그분들의 조언이 우리에게 해가 되지는 않을 거예요.

그럼 부모님과 자주 대화를 나누는 것 외에 또 어떤 방법으로 자기중심적 사고를 이겨 낼 수 있을까요? 심리학 연구에 따르면, 사랑과 동정심이 자기중심적 사고에 대항해 반항심을 약화시킨다고 해요. 사랑과 동정심은 인류 공존의 토대이자 인생관 교육의 관건이라고 할 수 있어요. 품격 있는 사람에게 배우고, 자신이 존경하는 사람에게 배우고, 또 부모님에게 배우며 사랑과 동정심을 가진 사람이 되어야 해요. 서로 돕고, 양보하며, 남을 괴롭히지 않고, 약자를 동정하며, 동식물을 보호하고, 부모님을 사랑하고……. 이런 사랑과 동정심을 가지면 반항심도 크게 누그러져 부모님을 좀 더 쉽게 이해할 수 있을 거예요.

 ## 매번 다른 사람과의 약속을 어긴다면?

Q. 숙제를 마치지 않으면 스마트폰을 가지고 놀지 않기로 엄마 아빠와 약속했는데 벌써 여러 번 그 약속을 어겼어요. 오늘도 숙제를 다 하지 못했는데 그만 참지 못하고 스마트폰 게임을 하다 엄마에게 들켰지 뭐예요. 엄마는 해 봤자 지키지도 않는 약속 다시는 하지 않겠다며 화를 내셨어요. 제가 그렇게 대단한 약속을 어긴 것도 아닌데 엄마는 왜 그렇게 화를 내실까요?

A. 엄마가 왜 화를 내셨는지 이해가 되네요. 약속을 어기는 것이 습관이 되면 우리의 성장과 교우관계에 악영향을 미칠 수 있답니다. 약속을 지키지 않으면 다른 사람에게 신임을 얻기 어렵거든요. 집에서든 학교에서든 약속을 잘 지키는 사람이 되어야 해요.

mentality
약속을 어기는 심리

약속은 약속이고, 내가 번복할 수도 있는 거잖아?

약속을 했다 해도 특수 상황이라는 게 있는데 가끔 약속을 어길 수도 있지, 뭐.

약속은 했지만 깨고 싶어. 내 마음대로 하고 싶다고.

내가 약속을 어겨도 어차피 아는 사람도 없잖아.

심리분석 & 힌트

1. 자꾸 약속을 어기면 신용이 없어지고, 친구도 없어질 거야.

2. 친구가 나와의 약속을 지키지 않는다면 기분 나쁘지 않을까?

3. 지키지 않아도 될 약속이라면 왜 약속을 할까?

4. 약속을 지키지 않는 사람을 믿어 줄 사람은 없어!

연습 & 설명

1 다른 사람이 약속을 지키지 않는다면 어떨지 생각해 보기

약속을 지키지 않으면 다른 사람에게 상처를 줄 수 있겠구나.

약속을 어기는 행동은 상대에게 상처가 될 수도 있어요. 그런 상처를 우리가 느끼지 못할 뿐이지요. 다른 사람이 약속을 지키지 않는다면 내 기분은 어떨지 입장을 바꿔 생각해 보아요. 약속을 어기는 것이 상처가 될 수도 있다는 사실을 깨달으면 그렇게 쉽게 약속을 깨지 못할 거예요.

2 약속을 지켜 자기 자신에 대한 예의 지키기

나조차 나를 함부로 대한다면 친구가 없는 게 당연해.

'내가 약속을 어겨도 어차피 아는 사람도 없잖아'라는 생각에 약속을 어기는 일을 대수롭지 않게 여기는 경우가 있어요. 하지만 이는 큰 착각이랍니다. 다른 사람과의 약속이든, 자기 자신과의 약속이든 결국 스스로 결정한 일이니까요. 약속을 지키는 일은 자기 자신에 대한 예의를 지키는 일이기도 한답니다.

3 약속을 하기 전에 지킬 수 있는 일인지 먼저 생각하기

함부로 약속부터 하지 말고 내 역량을 먼저 생각하자.

약속을 했다면 반드시 지켜야 하니 어떤 약속을 하기 전에 자신이 지킬 수 있는 일인지를 먼저 생각해야 해요. 자신의 역량 밖의 일이라면 약속을 어겨 상대에게 더 큰 상처를 주지 않도록 약속 내용을 조정하거나 약속 기한을 미루는 것도 한 방법이에요.

심리학 연구에 따르면 사람은 주로 흥분한 상태에서 상대에게 상처 주는 말을 하기 쉬운데, 이때 할 말을 글로 적으면 감정을 가다듬어 냉정을 되찾는 데 도움이 된다고 해요. 한마디로 글말을 통해 흥분이 소통에 미치는 악영향을 줄일 수 있다는 뜻이지요. 그런데 약속도 마찬가지랍니다. 구두로 한 약속보다 서면으로 한 약속이 좀 더 강한 힘을 발휘해요. 약속을 어겼을 때 엄마 아빠가 말로 주의를 환기하면 괜히 발끈해 충돌이 발생하기도 하지만, 서면으로 한 약속을 내보이면 금세 수긍을 하게 돼 서로 감정이 상하는 일이 없어지는 것처럼 말이죠.

그렇기 때문에 어떤 약속을 할 때는 종이에 그 내용을 글로 적은 다음 눈에 띄는 자리에 두고 수시로 확인하며 스스로 주의를 환기하는 것이 좋아요. 약속을 적은 종이를 부모님께 보여 드리고 고쳐야 할 부분은 없는지 조언을 구하는 것도 좋은 방법이에요.

심리학 박사님과 이야기 나누기

13 공공장소에서 심술부리길 좋아한다면?

Q. 집에서는 엄마 아빠가 뭐라고 말씀하셔도 묵묵히 받아들이는 편이에요. 엄마 아빠의 생각이 틀리다고 생각할 때도 바로 반박하지 않죠. 하지만 공공장소에서 꾸중을 들으면 바로 되받아쳐요. 저도 제가 왜 이러는지 모르겠는데 공공장소에서는 항상 화가 더 많이 나는 것 같아요.

A. 많은 친구가 공공장소에서 심술부리기를 좋아하는데, 이는 일종의 스트레스 해소용 반응일 때가 많아요. 공공장소가 우리 친구들의 슬픔과 분노를 증폭시키기 쉬운 장소이기 때문이지요. 하지만 어디서든 심술을 부리는 건 좋지 않아요. 자신의 감정을 관리해 함부로 심술을 부리지 않도록 해야 해요.

공공장소에서 심술부리길 좋아하는 심리 (mentality)

왠지 모르지만 공공장소에서 심술을 부리는 게 더 좋은 걸 어떡해.

공공장소에서 심술을 부리면 엄마 아빠를 더욱 난처하게 만들 수 있을 것 같다는 생각이 들어.

엄마 아빠도 공공장소에서 아무렇지 않게 나를 혼내시는걸.

심리분석 & 힌트

1. 공공장소든 아니든 심술을 부리는 건 옳지 않아.

2. 공공장소에서 심술을 부리면 다른 사람에게 피해가 갈 수 있어.

3. 할 말이 있으면 제대로 말하고, 설명이 잘되지 않을 때는 일단 감정을 추스르고 집에 돌아가 다시 얘기하자.

4. 공공장소에서 심술을 부리면 내 이미지에도 영향을 줄 수 있어.

연습 & 설명

1 함부로 심술을 부리지 않는 사람 되기

심술을 부려 봐야 아무 소용없어! 심술을 부려서 뭐 해?

공공장소든 아니든 함부로 심술을 부리지 않는 사람이 되어야 해요. 다시 말해서 자신의 감정을 조절하는 방법을 배워야 한다는 뜻이에요. 물론 가끔 짜증이 날 수도 있어요. 하지만 횟수를 제한할 필요가 있답니다. '심술을 부려 봐야 아무 소용없어'라고 끊임없이 되뇌어 그때그때 자신의 화를 가라앉혀 보아요.

2 자신의 이미지를 생각해 다른 사람에게 미칠 영향에 주의하기

나만 생각해 화를 낼 게 아니라 다른 사람의 기분도 고려해야 해.

공공장소에서 심술을 부리면 우리가 화를 내는 대상뿐만 아니라 그 장소에 있는 다른 사람들에게까지 영향을 줄 수 있어요. 그러니 자신만을 위한 화풀이로 다른 사람에게 피해를 주지 말고, 자신의 이미지와 다른 사람의 기분까지 생각하려고 노력해 보아요.

3 부모님과 소통하는 법 배우기

이렇게 쉽게 화를 내다니! 이러면 안 되지.
엄마 아빠와 제대로 이야기를 나눠야겠어.

집에서는 대화를 잘하다가 공공장소에서는 언쟁을 벌이기 일쑤라면 평소 엄마 아빠와의 소통방식에 문제가 있는 거예요. 공공장소에서는 소통에서 비롯된 자극이 커지는 만큼 감정이 '폭발'하기도 쉬워요. 그러니 엄마 아빠와 제대로 이야기를 나눠 평소 소통방식에 문제가 없는지 살펴보길 추천해요.

심리학 박사님과 이야기 나누기

공공장소에서 심술부리길 좋아하는 이유는 본질적으로 감정 제어 능력이 부족하기 때문이에요. 심리학자들은 우리가 미처 처리할 수 없는 부정적인 감정에 빠졌을 때 화를 낸다고 보고 있어요. 즉, 문제를 해결하고 감정을 완화할 방법이 보이지 않으니 성질을 냄으로써 마음속의 답답함을 털어 버리려고 한다는 것이지요. 감정을 제어하고 조절하는 능력을 키워 그때그때 마음을 가라앉히고 문제 해결에 집중해야 하는 건 바로 이 때문이에요. 그래야 함부로 화를 내는 버릇을 고칠 수 있거든요.

감정 조절에 도움을 주는 방법에는 여러 가지가 있어요. 예컨대 소파나 베개를 때린다거나(단, 사람을 때리길 좋아하는 친구들은 신중히 사용해야 해요) 종이를 찢는 방법(파괴력을 최소화해 다른 사람에게 영향을 주지 않는 방법)으로 감정을 발산할 수도 있고, 대화 상대를 찾아 하소연하거나, 일기를 쓴다거나, 그림을 그리는 방법으로 감정을 쏟아 낼 수도 있어요. 또한 숫자를 세거나 호흡을 가다듬으며 마음을 가라앉힐 수도 있고, 경치를 구경하거나 노래를 듣거나 운동을 하는 등 자신이 좋아하는 일을 하며 기분을 전환할 수도 있고, 좋은 일 혹은 맛있는 음식 등을 생각하며 긍정적인 마음을 일깨울 수도 있답니다.

14 거짓말하지 않기

Q. 식탁에 5,000원이 놓여 있길래 용돈으로 쓰려고 그냥 챙겼어요. 그리고 방과 후에 친구들과 함께 간식을 사 먹는 데 돈을 다 써 버렸죠. 그런데 식탁 위에 있던 돈을 못 봤냐는 엄마의 질문에 왠지 모르게 얼른 못 봤다고 대답을 해 버렸어요. 엄마에게 거짓말을 했다고 생각하니 영 기분이 좋지 않은데 지금이라도 사실대로 말해야겠죠? 하지만 막상 사실대로 털어놓으려니 혼이 날까 봐 무서워요. 대체 어떻게 하면 좋을까요?

A. 마음에 갈등이 생기고 초조해하는 걸 보니 이미 자신의 잘못을 깨달은 모양이군요. 그런데 사실 우리는 생각보다 자주 거짓말을 한답니다. 벌을 받는 게 두려워 자기 자신을 보호하겠답시고 변명을 늘어놓기도 하고 사실을 부정하기도 하죠. 이는 지극히 정상적인 일이에요. 하지만 거짓말을 하기보다 용감하게 사실을 인정하는 법을 배우는 게 더 낫다는 걸 알아야 해요.

mentality
거짓말을 하게 되는 심리

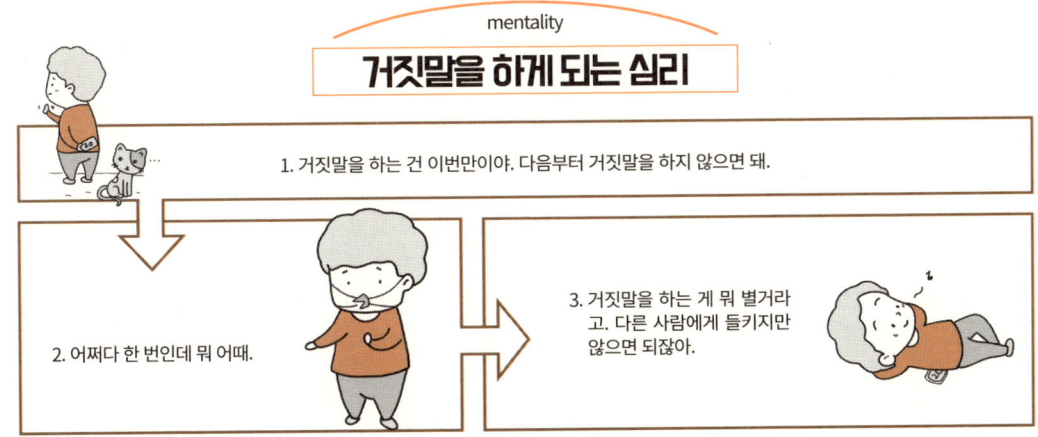

1. 거짓말을 하는 건 이번만이야. 다음부터 거짓말을 하지 않으면 돼.
2. 어쩌다 한 번인데 뭐 어때.
3. 거짓말을 하는 게 뭐 별거라고. 다른 사람에게 들키지만 않으면 되잖아.

심리분석 & 힌트

1 거짓말을 하면 다른 사람의 신임을 얻을 수 없어.

2 어쨌든 솔직해야 하지.

3 다른 사람이 내게 거짓말을 한다면 나는 어떻게 생각했을까?

4 거짓말을 하기보다 용감하게 사실을 인정하는 법을 배우는 게 더 나아.

연습 & 설명

1 거짓말이 최악의 문제 해결 방법임을 깨닫기

맞아, 거짓말은 문제를 더 악화시킬 뿐이야!

거짓말이 최악의 문제 해결 방법인 이유는 거짓말로 문제를 해결하지 못할 뿐만 아니라 새로운 문제를 만들어내기 때문이에요. 거짓말은 상황을 더 악화시켜 통제할 수 없는 방향으로 문제를 발전시킨답니다.

2 용감하게 책임지기

책임을 회피하지 않는 정직한 사람이 되자.

거짓말을 하는 이유는 벌 받을 게 두려워 결과를 책임질 용기를 내지 못하기 때문이에요. 한마디로, 자신을 보호하기 위해 책임질 용기를 내지 못하는 것이지요. 하지만 이는 반대로 책임질 용기를 낸다면 얼마든지 거짓말을 줄일 수 있다는 뜻이기도 해요. 책임을 회피하는 사람이 되느냐, 정직한 사람이 되느냐는 온전히 자신의 선택에 달려 있으니 후자를 선택하도록 항상 의식을 강화할 필요가 있답니다.

3 내가 남들에게 바라는 만큼 행동하기

친구끼리는 서로 솔직해야 해.
엄마 아빠와의 관계에서도 마찬가지야.

자기 자신에게 한번 물어보아요. 우리도 남들이 내게 정직하길 바라잖아요? 그렇다면 자신이 남들에게 바라는 만큼만 행동해 보아요. 상대도 분명 우리가 자신에게 정직하길 바라고 있을 테니까요. 서로가 서로에게 바라는 만큼 정직해진다면 솔직한 관계가 될 수 있어요.

4 나쁜 사람에게는 예외로 두기

나쁜 사람에게는
거짓말을 해도 괜찮아!

거짓말을 하지 않는 정직한 사람이 되어야 한다는 건 정상적인 관계에서만 성립되는 말로, 나쁜 사람을 상대할 때는 예외로 두어야 해요. 자신의 신변에 위협이 느껴질 때는 솔직함이 아니라 지혜를 발휘해야 한답니다.

심리학 박사님과 이야기 나누기

캐나다 토론토대학교 아동연구소에서 2세~17세 아동과 청소년 1,200명을 대상으로 진행한 실험 결과에 따르면 2세 아동 중 거짓말을 하는 사람의 비율은 20%, 3세는 50%, 4세는 80% 이상으로 나타났어요. 나이가 들수록 거짓말을 하는 사람의 비율이 높아진 것이죠. 이는 우리가 거짓말을 한 적이 있다고 해서 지나치게 당황하거나 자책할 필요가 없다는 뜻이기도 해요. 다만 거짓말은 다른 사람에게 상처를 줄 수 있으니 거짓말하는 버릇은 반드시 바로잡아야 해요.

신용을 지킨다는 건 자기 자신과 남을 속이지 않는, 자신과 타인에 대한 일종의 책임감이라고 할 수 있어요. 언행이 일치하고, 겉과 속이 같아야 다른 사람의 존중과 신임을 받을 수 있답니다. 그러니 책임감을 길러 보아요. 잘못한 일이 있으면 스스로 책임을 지는 등 자신이 할 수 있는 작은 일부터 해 보는 거예요. 거짓말에 관한 동화책을 읽어 정직함의 중요성을 깨닫고, '잘못을 알았으면 바로 고쳐야 착한 사람'이라는 올바른 인식을 가지는 것도 좋은 방법이에요.

15 잘못을 인정하지 않는다면?

Q. 엄마 아빠는 제가 잘못한 일이 있어도 절대 인정하려 들지 않는 때가 있다며 고집이 세다는 말을 하는데, 곰곰이 생각해 보면 정말 그런 것 같기도 해요. 하지만 사과는커녕 왜 항상 내 잘못을 인정하지 못하고, 온갖 핑계를 대며 변명을 늘어놓게 되는 건지 모르겠어요.

A. 잘못을 인정하고 싶어 하지 않아 하고, 사과하고 싶어 하지 않는 이유는 창피해서일 수도 있어요. 사실 잘못을 인정하고 사과를 하는 건 아주 평범한 일이에요. 용감하게 잘못을 인정하기만 한다면 부모님은 변함없이 우리를 사랑할 테고, 친구들 역시 계속해서 좋은 친구로 남을 거예요.

잘못을 인정하지 않는 심리 (mentality)

- 나도 내가 잘못했다는 걸 알지만 입으로는 인정이 잘 안되는 걸 어떻게 해?
- 난 잘못한 거 없어. 다른 사람 잘못이라고.
- 그렇게 큰 잘못도 아니잖아. 잘못을 인정하라고 할수록 인정하고 싶지 않아.
- 잘못을 인정하면 자신에게 과오가 있고, 벌을 받아야 한다는 뜻이잖아. 그럼 얼마나 창피하겠어!

심리분석 & 힌트

1. 용기 있게 잘못을 인정하는 것이야말로 성숙한 태도지.

2. 자신의 잘못을 알았다면 사과할 건 사과하고, 고칠 건 고쳐야 해.

3. 잘못을 했으면 인정하면 돼. 엄마 아빠는 변함없이 나를 사랑할 테고, 아이들도 여전히 좋은 친구들일 테니까.

4. 잘못을 인정하는 건 창피한 일이 아니야!

연습 & 설명

1 통 크게 사과하기

잘못을 했으면 사과하는 게 당연한 거야.

'사과'하는 일을 그리 심각하게 받아들일 필요는 없어요. 일상생활에서 얼마든지 있을 수 있는 일반적인 일이라고 생각하고, 잘못을 했으면 통 크게 사과해요. 그러면 상대에게 상처를 덜 줄 수 있고, 관계도 회복할 수 있답니다.

2 행동으로 잘못 인정하기

사과는 입 밖으로 내야 해. 그렇지 않으면 아무도 모를 테니까.

마음속으로 잘못을 깨달았다면 따로 사과할 필요가 없다고 생각하고 있지는 않나요? 하지만 잘못을 인정할 때는 행동으로 보여 줘야 해요. 마음속으로 생각만 하고 입 밖으로 내지 않는다면 사과를 받고 싶어 하는 상대도 우리의 미안한 마음을 알 길이 없으니까요.

3 용기 있게 사과할 줄 아는 사람 되기

사과한다고 체면이 깎이는 건 아니야.

미안한 마음을 표현하는 것이 '자신의 체면을 깎아 먹는 일'이라는 생각이 들 수도 있지만 사실 그건 오해예요. 용기 있게 사과하는 것이 가장 명예로운 일이지요.

4 소통 능력 키우기

평소 사람을 사귀는 과정에서 잘못을 인정하는 방법을 배우자.

절대 자신의 잘못을 인정하지 않거나 상대에게 사과를 하지 않는 이유는 평소 표현 및 소통 습관과도 연관이 있어요. 그러니 앞으로는 자신의 안전지대를 벗어나 두루두루 친구를 사귀고, 친구들과 끊임없이 교류하면서 잘못을 인정하는 방법을 배워 보아요.

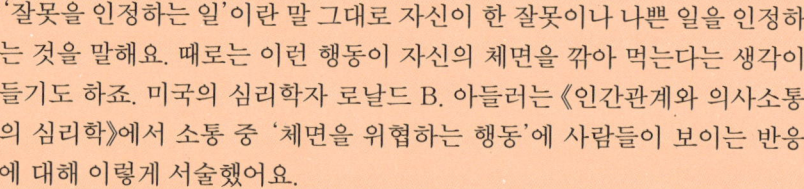

심리학 박사님과 이야기 나누기

'잘못을 인정하는 일'이란 말 그대로 자신이 한 잘못이나 나쁜 일을 인정하는 것을 말해요. 때로는 이런 행동이 자신의 체면을 깎아 먹는다는 생각이 들기도 하죠. 미국의 심리학자 로널드 B. 아들러는 《인간관계와 의사소통의 심리학》에서 소통 중 '체면을 위협하는 행동'에 사람들이 보이는 반응에 대해 이렇게 서술했어요.

'확실히 잘못을 저질렀을 때 자신을 향하는 비판에 사람들은 마치 고슴도치처럼 온몸의 가시를 바짝 세워 자신을 보호하려고 한다.'

"내가 잘못했어"라는 말을 하기 힘든 이유는 바로 이 때문이에요. 물론 자신의 잘못을 인정할 때는 말로 사과를 하는 방법도 있지만 행동으로 미안한 마음을 전하는 방법도 있어요.

사실 사과의 뜻을 포함하는 행동에는 여러 가지가 있답니다. 예를 들면 먼저 상대에게 손을 내밀어 악수를 청하고 포옹을 한다거나, 자신이 가장 좋아하는 장난감과 음식을 나눈다거나, '내가 잘못했어'라고 쪽지를 건넨다거나, 그림을 그려 선물할 수도 있어요. 그러니 체면 때문에 혹은 부끄러워서 도무지 "내가 잘못했어"라는 말을 하지 못하겠다면 행동으로 미안한 마음을 전해 보아요.

16 친구에게 막 대한다면?

Q. 독서실에서 친구가 제가 읽고 싶은 책을 들고 있는 것을 보고는 얼른 빼앗아 왔어요. 이 일 때문에 친구는 울음까지 터뜨렸지 뭐예요. 선생님이 오셔서 상황을 파악하고는 제가 너무 심했다며 무슨 일이든 상의를 해야 한다고 하셨어요. 제가 심했나요?

A. 선생님 말씀이 맞아요. 하지만 너무 속상해할 필요는 없어요. 앞으로 무슨 일이든 상의를 하면 되니까요. 심한 행동을 하는 이유는 고의가 아니라 습관 때문일 수 있어요. 좋아하는 물건만 보면 무조건 손에 넣어야 직성이 풀리는 것처럼 말이죠. 이는 친구 사귀기에 서툴러서일 수 있는데, 사실 함께 나누면 더 즐거워진답니다.

mentality
친구에게 막 대하는 심리

| 내 물건은 아무도 만지지 마. | 다른 사람이 가지고 노는 물건을 갖고 싶어! | 안 주면 빼앗지, 뭐! | 내가 가지고 놀고 싶으니까 너희가 양보해. |

심리분석 & 힌트

1 좋은 물건은 좋은 친구와 함께 나눠야지!

2 다른 사람이 가지고 노는 물건을 빼앗지 말고 존중해 줘야 해.

3 하고 싶어도 기다리는 법을 배워 충동적이고 난폭한 행동은 자제하자.

연습 & 설명

1 자기중심적으로 행동하지 않기

항상 다른 사람이 내게 양보해야 한다는 생각은 버리자.

막무가내로 행동하는 친구들은 자기중심적으로 생각하는 습관이 있어요. '내가 하고 싶으니까 너희는 양보해야지'라는 생각이 잠재의식 속에 자리할 가능성이 있지요. 물론 이런 생각이 잘못되었다거나 위험하다는 사실을 미처 깨닫지 못했을 수도 있고요. 하지만 자기중심적으로 행동해서는 안 된다는 것을 끊임없이 되뇔 필요가 있답니다.

2 '정도'와 '경중' 알기

예의를 지킬 줄 알아야 환영받는 사람이 될 수 있어!

날 때부터 막무가내인 사람은 없어요. 친구들과 어울리는 과정에서 옳고 그른 행동을 구분하지 못해 막무가내인 행동을 하게 되는 것이지요. '정도'와 '경중'을 알아야 하는 이유는 바로 이 때문이에요. 함부로 친구의 것을 빼앗는 행동은 정도와 경중을 모르는, 교양이 없는 행동이에요. 예의를 지킬 줄 알아야 환영받는 사람이 될 수 있답니다.

3 이기적으로 굴지 말고 나누기

좋은 인간관계를 맺기 위해 나누는 법을 배우자.

막무가내로 행동해 만족을 얻을 수 있을까요? 외로운 환경에 있을수록 더 막무가내로 행동하고 싶을 수도 있어요. 그러니 생일파티나 반 친구들과의 단체 활동 등에 좀 더 적극적으로 참여해 보아요. 즐거운 분위기 속에 있다 보면 좋은 인간관계를 맺고 싶다는 욕심이 생기고 나눔의 기쁨도 느낄 수 있을 테니까요.

막무가내로 행동한다면 이는 사랑하는 마음이 부족하다는 뜻이에요. 사랑하는 마음은 '약하고 힘없는' 사람을 아끼고 보호하는 마음이지, 괴롭히고 따돌리는 마음이 아니에요. 그러니 가끔은 언니, 오빠 또는 형, 누나가 되어 동생들을 보살펴 보아요. 돌봄의 과정에서 자신이 필요한 것보다 상대의 기분을 먼저 고려하고, 상대를 중심으로 행동하다 보면 막무가내로 행동하는 일도 조금씩 줄어들 거예요. 봉사 활동을 해 보는 것도 좋은 방법이에요. 도움이 필요한 사람들을 위해 봉사하다 보면 타인을 돕는 기쁨을 느낄 수 있을 테니까요. 심리학자들의 연구 결과에 따르면 유년 시절 애완동물을 키운 경험이 있는 사람은 마음이 착하고 섬세한 반면, 어려서부터 동물과 접촉해 본 경험이 없는 사람은 상대적으로 냉정하다고 해요. 그러니 애완동물을 키우는 것도 사랑하는 마음을 키우는 데 도움이 될 거예요.

심리학 박사님과 이야기 나누기

 # 컴퓨터와 스마트폰에 푹 빠졌다면?

Q. 공부할 때 컴퓨터와 스마트폰의 도움을 받기 시작한 후부터 전자제품이 제게 새 세상으로 향하는 문을 열어 준 느낌이에요. 기능이 너무 다양해서 한번 시작하면 쉽게 끝낼 수가 없어요. 어떨 때는 공부도, 식사도, 잠잘 생각도 잊어버려서 엄마 아빠와 실랑이를 벌이기도 해요. 컴퓨터와 스마트폰만 하면 안 된다는 걸 알지만 저도 어쩔 수가 없어요.

A. 전자제품에 빠져 헤어 나오지 못하는 친구가 많아 부모님들도 고민이 많고 걱정이 큽니다. 단번에 이런 상황을 바꿀 수는 없겠지만 다음 방법을 통해 일상적인 궤도로 돌아올 수 있답니다.

mentality
컴퓨터와 스마트폰에 빠지게 되는 심리

온종일 컴퓨터도 스마트폰도 하지 않으면 뭔가 부족한 느낌이야.

달리 즐길 거리가 없잖아. 컴퓨터도 스마트폰도 하지 않으면 뭘 해야 좋을지 모르겠어.

장시간 컴퓨터를 하고, 스마트폰을 가지고 노는 게 뭐 어때서. 지극히 정상적인 일이잖아.

엄마 아빠에게 들키지 않게 몰래 보면 되지, 뭐.

심리분석 & 힌트

1. 컴퓨터와 스마트폰을 가지고 놀면 안 된다는 건 아니지만 절제할 줄 알아야 해.

2. 컴퓨터나 스마트폰을 가지고 놀기 전에 적어도 해야 할 일은 먼저 끝내자.

3. 장시간 컴퓨터나 스마트폰 화면을 보면 눈 건강에 좋지 않으니 적절히 휴식을 취하자.

4. 컴퓨터나 스마트폰 말고도 재미있는 것은 많아.

연습 & 설명

1 부모님의 지도하에 사용하기

좋아! 엄마 아빠의 지도하에 전자제품을 사용하자.

전자제품을 사용하면 안 된다는 건 아니에요. 다만 부모님의 지도하에 사용하는 것이 좋아요. 예를 들면 엄마 아빠와 평소 어떤 용도로 스마트폰을 사용할지 미리 이야기를 나누는 거예요. 통신이나 학습 용도 외 오락 용도로 사용할 때도 엄마 아빠와 이야기를 나눠 미리 허락받은 후 사용하세요.

2 다른 취미 개발하기

다른 취미를 가지면 전자제품에 대한 집착이 자연스럽게 줄어들 거야.

미련을 두는 일은 다른 일로 대체할 수 있어요. 전자제품을 사용하는 시간이 길어질수록 다른 일을 할 시간은 줄어들게 마련이죠. 그러니 운동이나 독서 등과 같은 다른 취미를 개발해 전자제품에 대한 미련을 조금씩 떨쳐 보아요.

3 규칙 세우기

스스로 정한 규칙은
마음이 내키지 않더라도 반드시 지키자.

컴퓨터, 스마트폰 등을 너무 오래 보면 눈 건강에 해로울 수 있어요. 이 점을 분명히 인지하고 전자제품 사용 시간을 스스로 정해 보아요. 하루에 몇 시간, 어떤 경우에 사용할지 등을 정한 다음 무슨 일이 있어도 꼭 지키는 거예요. 엄마 아빠에게 감시해 달라고 도움을 청하는 것도 좋은 방법이에요.

4 전자제품의 용도에 대해 이해하고 사용하기

전자제품은 공부하는 데에도 도움이 되니
이런 점을 잘 활용해야지.

오락 기능이 너무 강해서 전자제품의 다른 기능과 용도를 간과하고 있는지도 모르지만, 사실 전자제품은 공부하는 데에도 많은 도움이 된답니다. 그러니 이러한 점을 잘 활용해 보아요. 엄마 아빠에게 학습 보조도구로써 전자제품을 활용하는 방법을 배워 지식의 폭을 넓혀 보아요.

 심리학 박사님과 이야기 나누기

컴퓨터나 스마트폰을 합리적으로 사용하려면 자율성을 강화해야 해요. 자율성이란 자신이 하고 싶은 일에 대한 충동을 억제하거나 자신이 싫어하는 일을 하도록 하는 능력을 말해요. 자율성을 높이면 스마트폰이나 컴퓨터를 하고 싶을 때 순간의 충동을 억제해 참아 낼 수 있어요.

자율성을 높이기 위한 첫 단계에는 부모님의 도움을 받기로 해요. 예컨대 컴퓨터 게임을 할 때는 미리 시간을 정해 놓고, 정해진 시간 동안에는 마음껏 즐기되 시간이 다 되면 그만하기로 부모님과 약속을 하고 감시를 부탁하는 거예요. 시간 약속을 지키면 다음번에는 시간을 늘리고, 그러지 못한 경우에는 사용 횟수나 시간을 줄이는 등 부모님으로부터 적당한 '벌'을 받기로 하는 거죠. 하지만 자율성은 결국 부모님의 감시에서 벗어나 스스로 의지를 갖고 키워 나가야 해요. 그러니 작은 목표부터 시작해 점진적으로 목표를 높여 보아요. 그렇게 오랜 시간 지속하다 보면 분명 달라진 내가 될 수 있을 거예요.

 **함부로 남의 물건에 손을 대는 버릇 고치기**

Q. 친구가 책상 위에 올려놓은 수학 과외 자료를 무심코 훑어보았는데, 요즘 제가 찾던 자료가 아니겠어요? 그래서 일단 가져가서 보고 다시 돌려주자는 생각으로 가방에 넣었어요. 그런데 친구가 이 사실을 알고 어떻게 함부로 남의 물건에 손을 댈 수 있냐며 몹시 화를 내더라고요. 순간 어떻게 설명해야 좋을지 몰라 당황했는데, 제가 정말 그렇게 큰 잘못을 저지른 걸까요?

A. 친구의 허락을 받지 않고 자료를 가져갔다니 확실히 옳지 못한 행동을 했네요. 허락을 구하지 않고 다른 사람의 물건에 손을 대는 건 아주 나쁜 습관이랍니다. 자신의 잘못을 알았다면 이를 고쳐 두 번 다시 같은 잘못을 반복하지 않기로 해요.

함부로 남의 물건에 손을 대는 심리 (mentality)

나도 어쩔 수 없어. 너무 좋아하는 물건을 보면 가지고 싶어서 참을 수가 없는걸.

보기만 하고 돌려줄 건데 뭐 어때.

나도 마침 필요하던 건데 일단 쓰고 나중에 다시 얘기하지, 뭐.

보고 필요하면 가져가는 거지, 뭐. 누구 것인지 알 게 뭐야.

심리분석&힌트

1. 함부로 남의 물건에 손을 대는 건 옳지 않아.

2. 함부로 남의 물건에 손을 대는 건 정말 예의 없는 행동이야. 남들에게 미움을 살 수 있다고.

3. 다른 사람이 함부로 내 물건에 손을 댄다면 어떻겠어?

4. 다른 사람의 물건은 내 것이 아니니 먼저 허락을 구해야 해.

연습 & 설명

1 먼저 허락 구하기

다른 사람의 물건에 손을 대기 전에는 반드시 상대에게 허락을 구해야 해요. 아무리 자신이 좋아하는 물건이라도, 또 급하게 필요한 물건이라도 먼저 말을 해야 해요. 상대가 허락하지 않으면 손을 대서는 안 돼요.

2 의식과 말로 자신을 일깨우기

다른 사람의 물건을 함부로 가져가는 행동은 사실 자제력이 부족하다는 증거예요. 이러한 문제에 대해 의식과 말로 끊임없이 자신을 일깨워 줄 필요가 있어요. 예를 들어 '남의 물건을 함부로 가져가서는 안 돼'라고 계속 되뇌는 거죠. 그러면 결국 행동에 반영될 거예요.

3 소유권에 대한 개념 세우기

이건 '내 것'이 아니야. '친구의 것'이야.
'다른 사람의' 물건을 가져가서는 안 돼.

소유권에 대한 개념을 세우면 함부로 다른 사람의 물건에 손을 대지 않게 되고, 자기 자신도 보호할 수 있게 돼요. 그럼 어떻게 하면 소유권에 대한 개념을 세울 수 있을까요? 방법은 간단해요. 평소 다른 사람의 물건과 다른 사람의 물건이 아닌 것, 내 물건과 내 물건이 아닌 것을 명확히 구분하면 되거든요. 엄마 아빠가 필요한 물건을 사라고 돈을 주셨을 때를 예로 들어 볼까요? 이때 돈은 부모님의 것이에요. 따라서 필요한 물건을 사고 남은 돈은 부모님께 돌려드려야 맞아요. 엄마 아빠가 잔돈을 용돈으로 쓰라고 허락하셔야 비로소 '나의 것'이 될 수 있답니다.

심리학 박사님과 이야기 나누기

함부로 남의 물건에 손을 대는 이유는 본능적인 소유욕이 강하기 때문일 수 있어요. 관심 가는 물건에 호기심이 넘치다 보니 당장 갖고 싶다는 생각을 하게 되는 거죠. 심리학 연구에 따르면 올바른 가치관이 이러한 본능에 대항하는 역할을 한다고 해요. 그러니 윤리의식과 옳고 그름에 대한 개념을 높여 자신의 소유욕을 억누르고, 더 나아가 함부로 남의 물건에 손을 대는 습관을 바로잡아 보아요.

옳고 그름에 대한 개념을 높이려면 다양한 책을 많이 읽어야 해요. 책은 인류 발전의 디딤돌로써 우리에게 많은 이치를 가르쳐 주거든요. 책을 많이 읽으면 사리에 밝아질 수 있고, 마땅히 해야 할 일과 하지 말아야 할 일이 무엇인지 알 수 있으며, 선과 악을 구분해 중요한 순간 올바른 선택을 할 수 있답니다.

 단체 규칙을 어겼을 때

Q. 친구들과 게임을 할 때 한 번 질 때마다 팔굽혀펴기를 다섯 번씩 하기로 했어요. 친구들 모두 신나게 게임을 즐겼고 많은 친구가 팔굽혀펴기를 했죠. 그러다 제가 졌는데 팔굽혀펴기를 하면 아무래도 너무 힘들 것 같아서 하고 싶지 않다고 말했더니 친구들이 기분 상했다며 그만 놀겠다고 하더라고요. 제가 분위기를 망친 것 같았어요.

A. 친구들이 계속 놀고 싶지 않다고 한 이유는 아마도 미리 정해 놓은 단체 규칙이 깨졌기 때문일 거예요. 게임할 때나 일상생활을 할 때나 단체 규칙을 지키는 일은 매우 중요하답니다.

심리 분석 & 힌트

1. 규칙을 지키면 모두가 함께 놀 수 있어.

2. 단체 규칙을 지키지 않을 거라면 뭐 하러 규칙을 정했겠어?

3. 규칙이 깨지면 나와 친구들 사이의 믿음도 깨질 거야.

4. 단체 규칙을 지키는 사람이 되자!

연습 & 설명

1 단체 규칙 지키기라는 '의무' 다하기

함께 놀기로 했다면 좋아하는 일도 싫어하는 일도 해야 해.

단체 규칙을 지키는 일은 일종의 '의무'예요. 의무는 반드시 해야 할 일을 말하죠. 예를 들어 다 함께 게임을 할 때 지는 사람이 팔굽혀펴기를 하기로 했다면 그걸 하는 것이 진 사람의 의무죠. 그뿐만 아니라 벌칙으로 팔굽혀펴기를 하는 것은 게임의 일부이기도 해요. 함께 놀기로 했다면 자신이 싫어하는 일은 하지 않고 좋아하는 부분만 골라 할 수 없어요.

2 일상생활 속 규칙 준수에 대한 의식 높이기

규칙을 준수하는 일을 일상적인 습관으로 만들자.

단체 규칙을 준수하는 일을 일상적인 습관으로 만들어 언제나 '규칙 준수에 대한 의식'을 갖도록 해야 해요. 아무 데나 침을 뱉거나 쓰레기를 버리지 않고, 공공장소에서는 큰 소리로 떠들지 않고, 자발적으로 줄을 서서 기다리고……. 이러한 규칙들을 잘 지켜서 일상적인 습관으로 만들어 보아요.

3 단체 규칙을 어겼을 때는 벌 받기

내가 단체 규칙을 어겨 친구들이 나와 놀지 않겠대요.

규칙을 어겼다면 벌을 받아야 해요. 게임에 지고도 팔굽혀펴기를 하지 않은 경우, 친구들이 함께 놀지 않겠다고 돌아서는 것이 곧 벌인 셈이죠.

4 일상생활에서 질서 찾기

질서를 찾으면 '유별난 행동'을 하지 않게 될 거야.

평소 합리적인 계획을 세워 규칙적인 생활을 하면 질서의식을 높일 수 있는데, 이런 질서의식은 단체 규칙을 준수하는 데 큰 도움이 된답니다. 게임할 때나 공부할 때나 일상생활을 할 때나 질서의식은 우리의 평정심 유지와 정서적 안정에 도움을 줘 유별나게 굴려는 생각을 버릴 수 있을 거예요.

심리학 박사님과 이야기 나누기

규칙이 존재하는 이유는 모두의 이익을 지키기 위해서예요. 모든 사람이 규칙을 지켜야 사회가 정상적으로 돌아갈 수 있으니 규칙 속에서 생활하고 공부하는 데 익숙해져야 해요. 미국의 심리학자 스키너는 인간의 행동은 인간이 받은 자극에 대한 함수라고 말했어요. 자극이 자신에게 유리하면 이러한 행동이 반복적으로 나타나고, 자신에게 불리하면 행동이 감소하다 사라진다고 보았죠. 그러므로 보상과 벌칙이 규칙을 준수하는 데 도움이 될 수 있어요.

그 밖에도 우리가 규칙을 지키는 데 도움이 되는 곳은 바로 공공장소예요. 공공장소에서는 무슨 일을 하든지 줄을 서야 하니까요. 예를 들면 대중교통을 이용할 때나, 놀이공원에서 놀이기구를 탈 때나, 영화를 볼 때처럼 말이죠. 착실하게 규칙을 지켜야 순조롭게 자신의 목적을 달성할 수 있어요. 그렇지 않으면 다른 사람에게 비난과 질책을 받게 될 거예요. 이를 통해 인내심을 키우고, 더 많은 예절을 배워 양보와 규칙 준수의 의식을 높일 수 있을 뿐만 아니라 규칙을 위반했을 때 받게 되는 벌을 체험해 쉽게 규칙을 어기지 못하게 될 거예요.

 ## 항상 다른 사람에게 피해를 준다면?

Q. 친구들과 영화관에서 영화를 보는데 너무 재미있어서 웃음을 참지 못하고 큰 소리로 웃었어요. 옆자리에 앉아 있던 누나가 시끄럽다고 느꼈는지 목소리를 낮추라고 하더라고요. 우리는 그러겠다고 대답했지만 터져 나오는 웃음을 참을 수가 없었어요. 옆자리 누나는 영화가 채 끝나기도 전에 화가 난 듯 밖으로 나가 버렸어요. 우리가 화를 돋운 걸까요? 웃겨도 웃지 말고 참아야 하는 걸까요?

A. 웃겨서 웃는 건 잘못이 아니에요. 하지만 다른 사람에게 영향을 주지 않도록 주의해야 해요. 특히 공공장소에서는요. 자기관리를 잘하는 사람은 자신의 행동거지를 통제해 남에게 피해를 주지 않는답니다.

다른 사람에게 피해를 주게 되는 심리 *mentality*

다른 사람을 왜 신경 써? 웃기면 웃는 거지.

영향을 받았다면 그건 누나 사정이지. 누가 그렇게 예민하게 굴라고 했나?

다른 사람은 시끄럽다고 생각하지 않았잖아? 이건 내 잘못이 아니라 옆에 앉은 누나의 문제라고.

영화를 보면서 웃지도 못하다니 그럼 너무 답답하잖아.

심리분석 & 힌트

1. 남에게 피해를 주었다면 언행을 자제할 줄 알아야 해.

2. 내가 피해를 받았다면 나도 분명 불편했을 거야.

3. 내 행동이 다른 사람에게 피해가 가지 않을지 먼저 생각해 봐야 해.

4. 다른 사람에게 피해가 가지 않도록 자제력을 발휘해야지.

연습 & 설명

1 질서를 지키는 자각심 갖기

자각이 있는 사람이 되어야 자제력을 가질 수 있어.

다른 사람에게 피해를 주지 않으려면 평소 일상생활에서 질서를 지키는 사람이 되어야 해요. 다시 말하면 자각을 가져야 한다는 뜻이지요. 공공장소에서 자발적으로 규칙을 준수해야 자제력을 키울 수 있어요.

2 하고 싶은 대로 해도 되지만 다른 사람을 괴롭게 만들지 않기

다른 사람을 괴롭게 만들면서까지 내가 하고 싶은 대로 행동해서는 안 돼!

무조건 하고 싶은 대로 행동해선 안 된다는 것은 아니에요. 큰 소리로 웃을 수도 있지요. 하지만 장소에 따라, 옆에 있는 사람이 받아들일 수 있는 정도에 따라 주의를 기울여야 해요. 영화관이나 도서관 같은 장소에서는 큰 소리로 웃어서는 안 돼요. 게다가 옆자리 누나가 이미 주의를 주었다는 건 누나에게 큰 피해를 끼쳤다는 뜻이니, 더더욱 자기가 하고 싶은 대로 행동해서는 안 된답니다.

3 '다른 사람에게 피해를 줄 수 있는 행동'에 대한 민감도 높이기

내가 이렇게 행동해도 될까?
다른 사람에게 피해가 가지는 않을까?

때로는 무심코 실수를 저질러 다른 사람에게 피해를 주기도 해요. 지극히 정상적인 행동이라고 생각했는데 실제로는 다른 사람에게 피해를 주는 경우가 여기에 해당돼요. 이런 실수를 피하기 위해서는 '다른 사람에게 피해를 줄 수 있는 행동'에 대한 민감도를 높일 필요가 있어요. 평소 '자신의 행동이 적절한지', '다른 사람에게 피해가 가지는 않을지' 많이 묻고, 많이 보고, 많이 생각해 보아요.

심리학 박사님과 이야기 나누기

심리학자들은 공감을 자기중심적 사고를 벗어나 남에게 피해를 주지 않는 핵심이라고 보고 있어요. 공감이란 타인의 감정을 이해하고 함께 느끼는 능력으로, 상대방이 지금 당장에 느끼고 있는 감정을 알고 공유할 수 있게 해 주지요. 왜 사람을 때리면 안 되는지를 예로 들어 볼까요? 사람을 때리면 안 되는 이유는 상대가 아파하고 상처받을 수 있기 때문이에요. 게다가 마음의 상처를 받을 때의 느낌은 좋을 수가 없지요. 상대가 느낄 실망감과 쓸쓸함, 분노를 느낄 수 있다면 쉽게 다른 사람에게 피해를 주지 못할 거예요. 공감 능력이 낮은 이유는 감정에 민감하지 않기 때문이에요. 이는 일상생활에서 감정에 대한 민감도를 높이는 연습을 해야 하는 이유이기도 해요. 사회심리학 연구에 따르면 인간관계 중 65%의 정보가 비언어적 형식으로 전달된다고 해요. 눈빛 하나, 한숨 한 번, 우물쭈물하는 표정, 입꼬리의 움직임, 잠깐의 눈썹 찡그림이 모두 사람의 감정 변화를 나타내요. 그런 까닭에 타인의 감정과 의도를 정확하게 이해하고 느끼기 위해서는 비언어적 행동을 관찰하는 습관을 기르고, 비언어적 정보를 타인을 이해하는 중요한 단서로 삼아 사소한 비언어적 표현 중 빠르게 타인의 감정을 알아차리는 법을 배워야 해요.

21 나보다 못한 사람 비웃지 않기

Q. 이번 학기에 반에 새로운 친구가 전학을 왔어요. 그 친구는 다리를 다친 적이 있어 움직이는데 조금 불편함이 있었는데, 이를 두고 친구들은 몰래 별명을 지었지요. 어제 그 친구가 제 옆을 지나가다 실수로 책을 건드려 떨어뜨렸는데, 저는 이를 참지 못하고 그 친구의 별명을 부르며 비웃었어요. 그 친구는 화를 내며 자리를 떠났죠. 저는 속이 시원하다고 생각했는데 친구들은 저를 나무랐어요. 사람을 그렇게 대하면 안 된다면서요. 내가 잘못한 걸까요?

A. 친구들이 나무란 데에는 이유가 있어요. 나보다 못한 사람을 함부로 대해서는 안 되기 때문이지요. 친구들과의 교류에서 남을 업신여기거나 비웃는 것은 아무리 고의가 아니더라도 상대에게는 상처가 될 수 있답니다. 그러니 다음부터는 이런 부분에 좀 더 주의하도록 해요.

mentality
나보다 못한 사람을 비웃는 심리

다른 사람을 비웃으면 우월감이 생긴단 말이야.

그냥 놀리는 것뿐인데 뭐 어때?

내가 좋아서 비웃겠다는데 그게 뭐 나쁜가?

사람을 비웃으면 안 된다는 건 알지만
못된 말을 하고 싶어서 참을 수가 없는걸.

심리분석 & 힌트

1. 함부로 다른 사람을 비웃어서는 안 돼. 그러면 상대의 마음이 상할 거야.

2. 다른 사람을 비웃는 습관을 버리면 더 환영받는 사람이 될 수 있어.

3. 나도 비웃음을 당하는 걸 원치 않잖아?

연습 & 설명

1 입장 바꿔 생각하는 법 배우기

나도 비웃음을 당하고 존중받지 못하는 건 싫어.

비웃음은 사람을 존중하지 않는 행동이니, 입장 바꿔 생각해 보아요. 내가 다른 사람에게 비웃음을 사는 입장이 된다면 기분이 어떨지 상상해 보는 거예요.

2 비웃음 대신 격려하고 도움을 주기

누가 시키지 않아도 약한 사람을 배려하고 도와주는 법을 배우자!

비웃음을 당하는 친구들은 보통 약자인 경우가 많아서 그들이 받을 마음의 상처도 그만큼 크답니다. 그들에게는 다른 사람의 격려와 도움이 필요하거든요. 비웃음의 말을 삼키고 그 대신 격려와 도움을 주기로 해요. 자발적으로 약자를 돕는 사람이 되어 보는 거예요.

3 행동으로 사과하기

제때 사과하면 비웃음을 당해 받은 상대의 상처를 조금은 어루만져 줄 수 있을 거야.

때로는 해서는 안 될 말들을 하며 다른 사람을 비웃기도 하죠. 그럴 땐 사과하는 법을 배워야 해요. 제때 사과하면 비웃음을 당해 받은 상대의 상처를 어루만져 조금은 고통을 덜어 줄 수 있어요.

4 농담과 비웃음을 구분하고 때와 장소 가리기

아무리 농담이라도 많은 사람 앞에서 사람을 놀리면 상대의 기분이 좋지 않을 거야.

가끔은 농담과 비웃음을 구분하지 못하는 경우가 있어요. 단순한 농담이니 별문제 없으리라 생각하는 거죠. 그러나 사실 많은 농담 속에 비웃고자 하는 뜻이 숨겨져 있답니다. 그렇기 때문에 농담을 할 때도 때와 장소, 그리고 상대를 가려야 해요. 일반적으로 많은 이 앞에서 사람을 놀리면 상대는 더더욱 불쾌함을 느낀답니다.

상대를 존중하고, 입장 바꿔 생각하는 방법 외에도 다른 사람의 특징과 잠재력을 발견해 긍정적인 평가를 내리는 법을 배워야 해요. 옛 속담에 '척유소단, 춘요소장(尺有所短, 寸有所長)'이라는 말이 있어요. 사람은 저마다 다른 장점이 있다는 뜻이지요. 《미운 오리 새끼》이야기 속 미운 오리 새끼도 백조가 된 것처럼 말이에요. 그러니 다른 사람의 장점을 높이 사고, 너그럽게 단점을 대하는 방법을 배워야 해요. 그래야만 우리도 다른 사람의 관용과 양해를 얻어 더 많은 우정을 쌓을 수 있어요.

타인에 대한 호감을 표현하기 위해서는 격려와 칭찬의 말을 자주 건네야 해요. 미국의 심리학자 윌리엄 제임스는 '사람들에게 인정받기를 갈망하는 것은 인간의 가장 기본적인 천성이다'라고 했어요. 칭찬은 인간의 심리 '강화제'로 우리를 기쁘게 하고, 또 분발하게 해요. 모든 사람은 칭찬받길 원하니까요. 단, 다른 사람을 칭찬할 때는 진실해야 한답니다. 상대방과 눈빛을 교환하며 진심에서 우러나온 칭찬을 해야 상대가 그 진심을 느낄 수 있거든요.

심리학 박사님과 이야기 나누기

 ## 무슨 일을 할 때마다 대가를 바라며 흥정하기를 좋아한다면?

Q. 어려서부터 시험이 끝나면 항상 엄마 아빠가 작은 상을 주셨기 때문에 이것이 이미 습관이 되어 버렸어요. 가끔 엄마 아빠가 별다른 언급을 하지 않으시면 제가 먼저 이야기를 꺼내죠. 그런데 최근 아빠가 이제 나도 다 컸으니 무슨 일을 할 때마다 보상을 바라며 '흥정'을 해서는 안 된다고 말씀하셨어요. 그게 그렇게 심각한 일인가요? 이런 습관과 생각을 바꿔야 맞을까요?

A. 아빠 말씀이 맞아요. 사실 엄마 아빠가 자발적으로 상을 준 건 격려의 의미예요. 그러니 이를 당연한 일로 받아들여서는 안 된답니다. 적극적으로 생활 속의 문제를 해결해 나아가고 더 나은 내가 되기 위해 노력하는 일은 우리가 마땅히 해야 할 일이니까요.

mentality
무슨 일을 할 때마다 대가를 바라며 흥정하게 되는 심리

마땅히 해야 할 일이라는 게 어디 있어.

흥정할 때마다 얻을 수 있는 이익이 많은걸.

내게 좋을 게 하나도 없으면 안 할래.

흥정으로 나의 이익을 극대화해야 무슨 일을 하든 손해 볼 일이 없지.

심리분석 & 힌트

1 자신이 마땅히 해야 할 일들에 대가를 바라며 흥정을 해서는 안 돼.

2 엄마 아빠와 약속을 정해 상과 벌을 분명히 할 수 있지만 모든 일에 그래서는 안 돼.

3 흥정은 우리에 대한 부모님의 일종의 타협이야. 하지만 모든 사람이 내게 맞춰 줄 수는 없어.

연습 & 설명

1 자신의 적극성 높이기

'흥정'을 하는 습관에서 벗어나자!

사실 어렸을 때 엄마 아빠가 흥정을 허락하며 타협을 해 준 건 우리의 적극성을 불러일으키기 위해서예요. 하지만 어엿한 어린이가 된 지금 모든 일에 대가를 바라며 흥정을 한다면 이는 자신의 삶에 대한 적극성이 부족하고 조금은 게으르다는 뜻이에요. 그러니 자신의 적극성을 높여야 해요. 이를 위한 가장 직접적인 방법은 바로 흥정하는 습관에서 벗어나는 것이랍니다.

2 무슨 일이든 흥정이 가능하진 않다는 사실 깨닫기

잘 먹고, 잘 자고, 열심히 공부하는 일은 본래 내가 해야 할 일들이야.

부모님과 가끔 재미로 '흥정'을 할 수는 있지만 모든 일에 흥정을 해도 되는 건 아니에요. 예를 들어 공부는 나의 미래를 위한 내 일이에요. 그러므로 학교 가고, 숙제하고, 공부하는 등의 일은 흥정의 대상이 될 수 없어요. 또한 위생에 신경을 써 손을 깨끗이 씻고, 잘 먹고, 잘 자는 일 역시 내 건강을 위한 일이므로 흥정의 대상이 될 수 없어요.

3 흥정이 아닌 상생하는 법 배우기

일방적으로 요구만 할 게 아니라 엄마 아빠와 상의해 함께 일을 끝내자!

흔히 '뭘 하면 안 되고', '무엇을 해야 하는지'에 대한 얘기를 자주 들어서 '왜 그렇게 해야 하는지', '어떻게 해야 더 잘할 수 있는지' 잘 모르는 경우가 많아요. 그래서 상생이 아닌 흥정에 더 집중하는지도 몰라요. 사실 흥정한다는 것은 협상의식이 있음을 뜻해요. 그러니 엄마 아빠가 왜 이런 요구를 하는지 자신에게 질문을 던져 보고 그런 다음 엄마 아빠와 '어떻게 하면 함께 일을 잘 끝낼 수 있을지'를 의논해 보아요.

심리학 박사님과 이야기 나누기

심리학에서는 외부적 보상과 내적 수요가 사람을 움직이게 하는 주요 요소라고 보고 있어요. 시험을 앞두고 부모님과 흥정하길 좋아한다면 이는 마음에서 우러나서가 아니라 공부 자체에는 별다른 흥미 없이 외부적 보상을 얻기 위해서 공부한다고 볼 수 있어요.
하지만 공부는 우리 자신의 일이랍니다. 부모님의 보상만을 바랄 것이 아니라 공부하는 과정을 즐기고, 배움의 즐거움을 발견해야 하는 이유는 바로 이 때문이죠. 사실 공부를 하다 보면 재미있는 내용도 있게 마련이랍니다. 예를 들어 독서를 할 때 재미있다고 생각되는 부분이 있고, 지식을 얻은 순간 만족감을 느끼게 되는 것이 그렇지요. 만족감이 곧 공부의 즐거움이니까요. 물론 공부를 할 때는 너무 피곤하지 않게 적당한 휴식도 필요해요. 공부에 대한 흥미는 많은 시간과 에너지를 들인다고 얻어지는 것이 아니니까요. 좋은 학습 효과를 위해서는 어느 정도 생각과 방법에 신경을 쓸 필요가 있어요. 충분한 휴식을 한 후에야 비로소 공부에 대한 재미를 키워 갈 수 있어요.

 ## 다른 사람의 입장을 고려하지 않을 수 없어

Q. 주말에 아빠는 특근을 하셨어요. 엄마는 새우구이를 만들어 두 그릇으로 나눈 다음 한 그릇은 제게 주시고 나머지 한 그릇은 아빠의 몫으로 남겨 두었어요. 그런데 새우구이가 정말 맛있는 거예요. 그래서 저는 제 접시를 다 비우고 난 다음 그만 참지 못하고 아빠의 몫까지 먹어 버렸어요. 엄마는 평소 혼을 잘 내지 않으시는데 이번은 달랐어요. 이제 클 만큼 컸으니 앞으로는 내 생각만 하지 말고 다른 사람도 생각할 줄 알아야 한다고 꾸짖으셨죠. 이제는 정말 다른 사람을 위하는 사람이 되어야 하는 걸까요?

A. 지금 우리 친구들은 성장 과정 중 특수한 시기를 지나고 있는데, 이 시기에는 문제를 생각하는 출발점이 단순해지기 쉽답니다. 예를 들면 자기를 중심으로 생각하며 다른 사람 생각을 잘 못 하는데 이는 지극히 정상적인 현상이에요. 하지만 엄마의 말씀도 맞아요. 앞으로 나보다 다른 사람의 입장에서 문제를 생각하고, 엄마 아빠 그리고 주변 친구들을 배려해야 할 필요가 있어요.

다른 사람의 입장을 고려하지 않는 심리 (mentality)

내 만족부터 챙기고 다시 다른 사람을 생각하는 게 정상이잖아.

내가 다른 사람도 아닌데 그렇게까지 생각해야 하나.

나만 잘 챙기면 되지, 남들은 내 알 바 아니잖아.

다른 사람이 즐겁든 말든 나랑 무슨 상관이람?

심리분석 & 힌트

1. 다른 사람을 전혀 고려하지 않는 건 너무 이기적이야!

2. 이제 나도 컸으니 다른 사람을 생각할 줄 알아야 해.

3. 친구들도 모두 상대를 위할 줄 아는걸.

4. 누군가가 나를 생각해 준다면 정말 좋을 거야.

연습 & 설명

1 '이타심' 교육받기

평소 혼자 즐기는 게 습관이 됐나 봐.
안 돼, 앞으로는 다른 사람들과 함께 나눠야지!

다른 사람의 입장을 생각할 줄 모르는 마음을 우리는 흔히 '이기적'이라고 말해요. 이기심은 평소 혼자 즐기는 데 익숙한 것과 연관이 있어요. 너무 이기적인 사람이 되지 않으려면 평소 친구들과 함께 게임도 하고, 장난감도 교환하는 등 나눔의 정신과 서로 협력하는 좋은 습관을 길러야 해요.

2 다른 사람을 돕는 과정에서 즐거움 느껴 보기

다른 사람의 입장을 고려하고, 다른 사람을 돕는 일로도 기쁨을 얻을 수 있어.

기회가 된다면 엄마 아빠에게 단체 봉사 활동을 하는 데 데려가 달라고 말해 보아요. 다른 사람을 돕는 과정에서 기쁨을 느끼고, 보람도 느낄 수 있도록 말이죠. 이러한 성취감은 이기적이었던 우리를 바꿔 놓아 더욱 용감한 사람으로 만들어 줄 거예요.

3 '다른 사람에게 상처가 되지는 않을지' 스스로 질문하기

더 이상 아기도 아닌데 다른 사람에게 상처를 주는 일에
양심의 가책을 느낄 줄 알아야지.

조금 이기적인 건 당연해요. 하지만 '내가 이렇게 행동하면 다른 사람의 기분이 상하지는 않을까?'라고 수시로 자문할 필요가 있어요. 이렇게 생각해 보면 자신의 이기적인 행동이 다른 사람에게 상처를 줄 수 있음을 깨달을 수 있고, 더 나아가 미안한 마음이 생겨 자발적으로 보상행동을 하고 싶어질 거예요.

자신이 이기적이라면 이는 다른 사람과 가진 것을 나눌 줄 모르고, 나눔의 즐거움도 느껴 본 적 없다는 뜻이에요. 예를 들어 모두 함께 밥을 먹을 때 이런 말을 들어 봤을 거예요.
"여럿이 함께 밥을 먹으면 밥맛이 좋은데 혼자서 먹으면 밥맛이 없어."
이는 나눔의 장점을 보여 주는 예죠. 사실 일상생활에서 우리는 남들과 많은 것을 나눌 수 있답니다. 내 주변 사람들과 나누면 서로가 즐거워지고 이러한 즐거움이 있을 때 삶은 더욱 아름다워지지요.
다만 여기서 주의해야 할 점이 있어요. 때로는 나눔의 보답이 바로 돌아오지는 않는다는 사실이에요. 하지만 오랫동안 나누면 타인의 배려와 지지라든지 새로운 기회처럼 생각지 못했던 보답을 꼭 받게 될 거예요. 심리학 연구에 따르면 다른 사람과 좋은 물건을 나눌 때 그 기쁨이 배가 된다고 해요. 다시 말하면 갈수록 행복해진다는 것이지요. 자신이 좋아하는 장난감을 나누면 상대도 자신의 장난감을 나눠 주어 함께 가지고 놀 수 있는 장난감이 두 개가 되는 것처럼 말이에요. 그러니 다른 친구들과 함께 어울리며 나누는 법을 배워 보아요. 나눔이 주는 즐거움을 알게 되면 분명 행운이 끊이지 않을 거예요.

심리학 박사님과
이야기 나누기

욕을 배우거나 욕을 해도 되는 걸까?

Q. 얼마 전 친구와 싸움을 하다 그만 욕을 하고 말았어요. 왠지 모르겠지만 입 밖으로 뱉고 나니 '이긴 것 같은 느낌'이 들더라고요. 갈수록 욕이 늘고 있고, 이 때문에 선생님께 주의를 받고 꾸지람까지 들었답니다. 저도 욕을 하는 게 나쁘다는 걸 알지만 어른들이 하는 걸 보면 저도 모르게 배우고 싶다는 생각이 들어요. 왠지 속 시원해 보이고 멋져 보이거든요. 그런데 욕을 배우고 또 욕을 해도 되는 걸까요?

A. 욕을 배우고 욕을 하는 건 당연히 옳지 않아요. 하지만 우리는 호기심이 강하고 어른들의 영향도 쉽게 받기 때문에 어른들의 행동이나 말을 모방하고 싶어 하는 것도 사실이에요. 그런데 욕을 하면 내 속은 시원할지 모르지만 상대는 큰 상처를 받을 수 있으니 화가 난다고 욕을 하는 습관은 버려야 해요.

욕을 배우고 욕을 하게 되는 심리 (mentality)

욕을 하면 속이 시원해지고 화도 풀린다고!

욕을 하면 어른들의 주의를 끌 수 있어서 얼마나 좋은데.

어른들의 말을 따라 하면 내가 멋있어진 느낌이 들어.

어른들은 해도 되고 나는 왜 하면 안 돼?

심리분석 & 힌트

1. 욕을 하는 건 옳지 않아.

2. 욕을 입에 달고 살면 주변 사람들이 불편해할 거야.

3. 다른 사람에게 욕을 하는 건 예의 없고 비우호적인 행동이야.

4. 어른들이 욕을 하는 것도 옳지 않아. 비판을 받아야 마땅한 행동이야.

연습 & 설명

1 관심을 끌기 위한 잘못된 방법임을 알기

욕할 때마다 엄마 아빠의 주의를 끌 수 있어. 화를 내거나 재미있어 하시거든.

욕을 하면 어른들의 주의를 끌 수 있어요. 가끔은 엄마 아빠를 웃게 만들기도 하는데, 이는 일종의 성취감으로 다가올 거예요. 그래서 더 욕을 배우고, 또 욕을 하고 싶다는 충동이 강해지는 것이지요. 하지만 욕을 하는 건 옳지 않아요. 관심을 끌기 위해 욕을 한다는 건 잘못된 행동이에요.

2 사람을 대하는 예의 배우기

다른 사람에게 욕을 하면서 아무렇지 않을지도 모르지만 사실 이는 상대를 존중하지 않는 행동이야.

욕을 하면 속은 시원할지도 몰라요. 하지만 이는 상대를 존중하지 않는 무례한 행동이랍니다. 내 속 시원하게 만들겠다고 다른 사람을 존중하지 않고 무례하게 굴어서는 안 돼요. 예의 있게 사람을 대하는 방법을 배워야 해요. 이를 위해서는 먼저 '말을 쏟아낼 것'이 아니라 '말을 절제해야' 해요.

3 서로 감독하기

어른들과 서로 감독하며
누가 더 오래 욕을 하지 않는지 살펴보자.

어른들이 더 욕을 잘하는 건 사실이에요. 그러니 일상생활에서 어른들과 서로 감독하기로 해 보아요. 누가 욕을 하면 서로 주의를 주고, 작은 벌칙을 정해서 서로를 감독하는 일에 재미를 더하는 것도 좋은 방법이에요.

4 감정을 제어하는 방법을 배우고 다른 해소법 찾기

욕을 하면 스트레스가 풀리기는 하지만 스트레스는 다른 방법으로도 풀 수 있어. 크게 소리를 지른다든지 운동을 한다든지 다른 방법을 찾자.

싸움을 하거나 화가 났을 때 욕을 하거나 나쁜 말을 하고 싶을 거예요. 그러면 감정을 발산해 화풀이가 된 느낌이기 때문이죠. 그래서 욕을 덜 하려면 자신의 감정을 제어하는 방법을 배우는 것 외에도 다양한 감정 해소법을 찾을 필요가 있어요. 예를 들면 다른 사람에게 피해가 가지 않는 선에서 크게 소리를 지른다든지 운동을 하는 것도 좋은 방법이에요.

심리학 박사님과 이야기 나누기

욕은 일반적으로 불만이나 분노 등 부정적인 감정을 표현할 때 사용하는 언어예요. 이성적일 때는 욕을 하지 않지만 격한 감정의 기복이 생겼을 때나 갑자기 화가 치밀 때 욕을 하게 되지요. 그런데 욕을 하고 속 시원한 기분이 드는 이유는 과연 욕의 내용 때문일까요? 아니면 욕을 할 때의 말투 때문일까요? 심리학 연구에 따르면 욕설의 감정 해소 효과는 욕설의 표면상의 뜻이 아닌 욕을 할 때의 말투나 어조 등에서 비롯된다고 해요. 예를 들어 주먹다짐하기 전에 욕설을 내뱉으면 감정 해소뿐만 아니라 기세를 높일 수 있어요. 일부 격투 경기에서 크게 소리를 지르는 것 역시 이와 같은 효과를 얻기 위해서랍니다.

그러니 불쾌한 마음에 욕을 하고 싶어질 때는 욕 대신 크게 소리를 질러 보아요. 그러면 욕을 할 때와 마찬가지로 감정이 해소될 테니까요. 또한 상대도 우리가 자신을 모욕하거나 무시한다고 생각하지 않아 지나친 반감을 사지 않을 수 있을 거예요. 그 외에도 자신의 감정을 바로바로 발산하지 않고 참는 방법을 배울 필요가 있어요. 잠시 감정을 제어했다가 사람이 없는 곳을 찾아 소리를 질러 보아요. 그러면 다른 사람과 다투더라도 욕하지 않게 될 거예요.

낭비는 나쁜 습관이야

Q. 지난 주말 엄마 아빠와 뷔페에 가서 밥을 먹었어요. 제가 좋아하는 음식이 많아서 더 빨리, 더 많이 먹어야겠다고 생각했죠. 먹을 만큼 음식을 가져다 먹고, 접시를 비운 다음에 또 음식을 가지러 가라고 아빠가 미리 주의를 주셨지만 저는 그만 참지 못하고 한 번에 많은 음식을 담아 결국 다 먹지 못하고 잔뜩 남기게 되었어요. 아빠는 이런 저를 꾸짖으시며 항상 낭비한다고, 이 나쁜 습관은 고쳐야 한다고 하셨어요. 저는 어떻게 해야 할까요?

A. 아빠의 말씀처럼 낭비는 나쁜 습관이에요. 물론 일상생활을 하다 보면 욕심이 생기기도 하고, 새것을 선호하게 되지요. 하지만 그렇다고 걱정할 필요는 없어요. 문제를 직시하고 낭비하지 않겠다는 원칙을 세워 지켜 나가면 물건을 소중히 여기는 사람이 될 수 있으니까요.

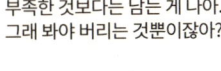

낭비를 하게 되는 심리 (mentality)

어차피 돈 냈는데, 잔뜩 담아 가야지. 다 못 먹으면 남기면 되지, 뭐.	부족한 것보다는 남는 게 나아. 그래 봐야 버리는 것뿐이잖아?	물건을 오래 쓰면 망가지지 않았어도 새것으로 바꾸고 싶어져. 새 물건이 더 좋은데 어쩔 수 없잖아.	내가 돈을 내는 것도 아닌데, 뭐 어때? 내 돈 낭비하는 것도 아니잖아.

심리분석 & 힌트

1. 낭비는 반드시 안녕해야 할 나쁜 습관이야.

2. 쉽게 얻어지는 물건은 없어. 그러니 소중히 여길 줄 알아야 해!

3. 배불리 먹지 못하고 굶주리는 사람이 많다는 사실을 생각하면 더더욱 음식을 낭비해선 안 돼.

연습 & 설명

1 '낭비'에 대해 정확히 이해하기

낭비할 권리는 돈으로 살 수 없어.

흔히 '돈을 냈으니 낭비해도 상관없어', '낭비한다고 내 돈이 나가는 것도 아닌데 뭐 어때'라고 생각하는데, 이는 '낭비'에 대해 정확히 이해하지 못하고 있기 때문이에요. 예를 들어 뷔페에서 절제하지 못하고, 음식을 소중히 여기지 않는 것 모두가 낭비하는 행동이에요. 하지만 자신이 돈을 냈다고 해서 낭비할 권리가 생기는 건 아니랍니다.

2 절약 정신 강화하기

맞아! 스스로 절약하는 정신을 가져야 해.

낭비로 생긴 사회적 문제에 관심을 가지고 절약과 관련한 책도 많이 읽고, 엄마 아빠의 이야기도 많이 들어 보아요. 그러면 '낭비를 해서는 안 된다'라는 생각이 자리를 잡아 절약 정신을 강화할 수 있을 거예요.

3 올바르게 뷔페 이용하기

뷔페를 이용하는 방법은 간단해. 먹을 만큼만 담고 부족하면 더 가져다 먹으면 돼.

뷔페에 가면 뭘 먼저 먹고, 뭘 나중에 먹을지, 또 얼마나 먹을지를 선택할 수 있어요. 하지만 '먹을 만큼만 접시에 담기', '처음엔 조금만 담고, 부족하면 더 가져다 먹기'라는 원칙을 준수해야 해요. 실수로 많이 담아 왔다면 반드시 다 먹어야 해요. 엄마 아빠에게 벌칙을 정해 달라고 하는 것도 좋은 방법이에요.

4 '사물'에 대한 감정 키우기

사람과 사람 간에 감정이 있듯 우리와 사물 사이에도 감정을 가질 수 있어.

'사물'에 대한 감정을 키워 보아요. 예를 들면 음식의 유래라든가 물건의 생산지 등을 알아보고, 엄마 아빠에게 직접 물건을 만들어 볼 수 있게 해 달라고 하는 거예요. 이로써 사물에 대한 애착을 키울 수 있답니다.

심리학 박사님과 이야기 나누기

또 어떤 방법으로 낭비를 막을 수 있을까요? 직접 체험하는 방법이 있겠네요. 심리학에서는 체험을 느낌과 감정, 이해, 연상, 깨달음 등 다양한 요소가 포함된 심리 활동으로 보고 있어요. 백 번 듣는 것보다 직접 체험하는 한 번이 낫죠. 체험을 통해서만 낭비에 대해 더욱 깊이 이해할 수 있답니다. 지구촌 곳곳에는 아직도 기아에 허덕이며 전기도 들어오지 않는 곳에서 마실 물도 없이 살아가는 친구가 많아요. 지금 여러분이 보고 있는 책도 없고, 맛있는 간식이나 귀여운 장난감은 더더욱 말할 것도 없지요. 이런 상황을 좀 더 잘 이해하려면 세계 빈곤 지역의 상황이 담겨 있는 영화를 보거나 기아 체험 등을 해 볼 수 있어요. 그러면 자신이 그동안 낭비했던 것들이 다른 누군가에게는 절실히 필요한 무엇이거나 평생 만질 수도 없는 것일 수도 있다는 사실을 뼈저리게 느낄 수 있을 거예요. 이로써 낭비가 얼마나 부적절한 행동인지 깨달아 근검절약하는 방법도 배울 수 있을 거예요. 그러니 낭비하고 싶어질 때는 먼저 가난한 생활을 떠올려 보아요. 그러면 더 이상 낭비를 하지 않게 될 거예요.

제3장
스스로 돕기

★ 집중력을 높일래!

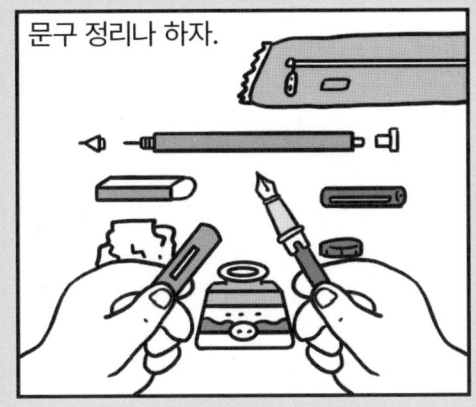

잠깐 쉬었다가 다시 집중하는 게 낫다...

이번 시험에서 민지의 성적이 가장 많이 올랐어!

자기 자신을 돕기 위해 여러분은 더 많은 일을 할 수 있어요. 그러니 계속해서 공부해요.

기분이 나쁘다고 울며 보채지 않기

기분이 나쁠 때는 어떻게 하나요? 혹시 조금만 기분이 나빠도 울며 보채나요? 자기 뜻대로 일이 풀리지 않는다거나, 억울하다고 생각될 때 내심 엄마 아빠의 양보와 타협을 바라면서 울며불며 자신의 불쾌함을 쏟아내지는 않았는지 한번 생각해 보아요.

학교에 입학하기 전 이런 행동을 했다면 이는 지극히 정상적인 일이에요. 그때는 소통 능력이나 표현 능력이 부족했으니까요. 그러나 입학한 이후에도 여전히 이런 방식을 사용한다면 다시 한번 생각해 보고 태도를 달리할 필요가 있어요. 이제는 얼마든지 자기 자신을 돕고, 자신의 감정을 제어하며, 올바른 소통방식으로 감정을 표현할 수 있는 나이니까요.

mentality
기분이 나쁘다고 울며 보챌 때의 심리

어쩔 수 없어. 이미 이런 감정 해소 방법에 익숙한걸.

내가 우는 모습을 보면 엄마 아빠는 마음이 약해지실 거야.

울고불고 난리를 쳐야 원하는 걸 얻을 수 있는 느낌이야.

나는 원래 이런걸. 쉽게 조급해지고, 조급해지면 눈물이 난다고.

심리 분석 & 힌트

1. 때로는 우는 것도 좋아. 하지만 마음에 들지 않는다고 무작정 울며 보채서는 안 돼.

2. 툭하면 울며 보채는 행동은 주변 사람의 기분에도 영향을 줄 수 있어.

3. 이제는 아기가 아니니까 자신의 감정을 제어하는 방법을 배워야 해.

4. 울며 보채면 무슨 일이든 해결할 수 있다고 생각하는 것은 미성숙한 태도야.

연습 & 설명

1 위안을 찾는 방법에는 여러 가지가 있다는 사실 알기

내게 필요한 것이 무엇인지 부모님께 똑바로 말하자!

우리가 울며 보채는 이유는 위안을 얻기 위해서일 때도 있어요. 하지만 위안을 찾는 방법에는 여러 가지가 있답니다. 물론 울음으로 감정을 해소하는 것은 건강한 방법이에요. 그러나 울고 난 후에는 반드시 엄마 아빠에게 무슨 일이 있었는지, 자신이 필요한 건 무엇이었는지를 말해야 해요.

2 울며 보챈다고 문제를 해결할 수 없음을 알기

걸핏하면 떼를 쓰고 울며 보채는 행동은 엄마 아빠의 감정을 자극할 수도 있어.

울며 보챈다고 문제를 해결할 수 없어요. 울며 보채는 행동으로는 위안이 필요하다는 뜻을 분명하게 전달할 수 없기 때문이죠. 오히려 엄마 아빠의 감정을 자극해 일이 더 복잡해질 수 있답니다. 엄마 아빠는 우리의 불쾌함이나 억울함 등 감정 표현을 받아 주실 테지만 걸핏하면 떼를 쓰고 울며 보채는 행동은 받아 주기 힘드실 거예요.

3 울며 보채는 방법으로 엄마 아빠와 타협하려 하지 않기

엄마 아빠의 마음속에서 '생떼를 부리는' 아이는 되지 말아야지.

엄마 아빠가 마음이 약해져 타협하거나 양보해 주길 바라며 울면서 보채는 경우도 있어요. 하지만 이는 올바른 방법이 아니에요. 이렇게 하면 정상적인 소통 능력과 표현 능력을 조금씩 잃어 결국 엄마 아빠에게 '생떼를 부리는' 아이가 될 뿐이랍니다.

4 부정적인 감정을 해소하는 법 배우기

일상 속에서 자기 자신을 위로하거나 주의력을 분산하는 방법으로 부정적인 감정을 몰아내자.

집에서 자주 엄마 아빠에게 울며 보채다 보면 밖에서 친구들과 지낼 때도 자신의 감정을 어떻게 표현해야 할지 모를 수가 있어요. 예를 들어 부정적인 감정을 해소해야 할 때, 친구와 다툼을 벌이기 십상이 되는 것이지요. 그러니 자기 자신을 위로하거나 주의력을 분산하는 방법으로 부정적인 감정을 몰아내요.

심리학 박사님과 이야기 나누기

불쾌하고 불편한 감정을 떨쳐내고 싶다면 자신이 좋아하는 일을 하거나 잠시 불쾌한 상황에서 벗어나 다른 사물로 주의력을 돌려 보아요. 음악 감상, TV 시청, 영화 보기, 만화책 보기 등 자신의 마음을 편안하게 해 주는 일로 주의를 돌리거나 산책, 축구, 야구 등 운동을 해 보는 거예요. 그 외에 또 어떤 방법으로 우리의 주의력을 분산시킬 수 있을까요?

심리학 실험에 따르면, 조용하고 평온한 환경은 우리의 마음을 느슨하고 편안하게 만들지만 어수선하고 날카로운 소음은 우리를 초조하게 만든다고 해요. 예를 들어 검은색은 우리에게 어둡고 음침하고 암담한 분위기를 주지만, 초록색은 긴장을 완화하고 평온하게 만들어 생기발랄한 느낌을 준다고 해요. 환경의 변화가 얼마나 큰 역할을 하는지 알 수 있는 대목이에요. 그러니 불쾌한 감정이 든다면 창문을 열고 푸릇푸릇 생기가 넘치는 나뭇잎을 바라보며 신선한 공기를 한껏 들이마시고, 새들의 지저귐도 들어 보아요. 이러한 방법들이 우리의 마음을 즐겁게 하고, 기운을 불어넣고, 걱정을 잊게 하고, 정신적인 긴장과 부담을 해소해 줄 거예요.

 ## 조급해하지 않고 인내심 갖기

Q. 엄마는 제가 성격이 급하고 인내심이 없대요. 하지만 또 어떤 때는 일을 미루며 꾸물댄다고 말씀하세요. 정말 모순적이지 않나요? 엄마 말씀대로 저는 정말 성격이 급한 게 맞는 걸까요?

A. 사실 엄마 말씀은 전혀 모순적이지 않아요. 성미가 급한 사람이라고 해서 모든 일을 '급하게' 처리하는 건 아니거든요. 그보다는 오히려 '인내심 없는' 모습을 보이는 경우가 많지요. 예를 들면 어떤 순서를 기다릴 때도 이를 참지 못하지요. 분명 30분에 시작하기로 했는데 이를 기다리지 못하고 "아직 시간이 안 됐나요?" 혹은 "이제 시작해도 되나요?"라는 질문을 수시로 던지면서요. 하지만 좀 더 인내심을 가질 필요가 있답니다. 인내심은 우리의 충동을 막아 더 이성적인 사고를 할 수 있게 해 주니까요.

mentality
조급해하는 심리

기다리기 싫어. 왜 기다려야 하지!

힝, 아직도 그렇게 오래 기다려야 하다니. 그만둘래!

몰라, 몰라. 난 바로 하고 싶다고.

이렇게 오래 기다려야 하다니. 너무 시간 낭비잖아.

심리분석 & 힌트

1. 모든 일에는 과정이 있어.

2. 조금 기다릴 수도 있지. 못 기다릴 건 또 뭐야?

3. 당장 하고 싶은 건 누구나 마찬가지야.

4. 인내심 없이 너무 서두르다 보면 일을 제대로 할 수가 없어.

연습 & 설명

1 서둘러도 할 수 없는 일이 있다는 사실 알기

모든 일에는 과정이 있어!

성미가 급한 사람은 매사에 '빨리빨리', '지금 당장' 하고 싶어 해요. 그러니 인내심을 키우고 싶다면, 평소 자신에게 '모든 일에는 과정이 있어. 서둘러도 안되는 일이 있지'라고 끊임없이 되뇌며 자기암시를 하면 조급한 마음이 한결 나아질 거예요.

2 중도에 포기하지 않기

새로운 일을 시작하기 전에 지금 하고 있는 일 먼저 끝내자.

일을 중도에 그만두곤 하면 인내심 없는 사람이 될 수 있어요. 그러니 참을성 있는 사람이 되고 싶다면 새로운 일을 시작하기 전에 지금 하고 있는 일부터 끝내는 습관을 길러요.

3 목적을 가지고 참을성 훈련하기

꽃을 키우면서 기다림의 이치를 깨닫자.

블록 쌓기나 간단한 색칠 연습 등 목적을 가지고 참을성 훈련을 해 보아요. 조건이 된다면 엄마 아빠에게 꽃을 키우는 방법을 배우는 것도 좋아요. 자라면서 변하는 식물을 관찰하며 싹이 트고, 잎이 자라고, 꽃이 피는 과정을 이해하고, 그 속에서 오늘 심은 씨앗은 내가 아무리 조급해해도 내일 당장 꽃을 피울 수 없다는 사실을 깨달을 수 있을 테니까요. 수확하려면 참을성 있게 기다려야 함을 깨달을 거예요.

4 친구들과의 놀이를 통해 인내심 기르기

친구들과 자주 소꿉놀이나 술래잡기 같은 놀이를 해야지.

놀면서 '만족 지연 능력'을 단련하는 방법으로, 친구들과 소꿉놀이나 술래잡기 등의 놀이를 하면 좋아요. 잠깐 우리를 구속하는 게임 규칙이 있기 때문에 이를 어기지 않기 위해 노력하다 보면 인내심을 발휘하게 되고, 이로써 조급함을 덜 수 있을 거예요.

심리학 박사님과 이야기 나누기

인내심을 키우고 싶다면 비교적 시간이 오래 걸리는 일을 해 보아요. 인내심 없이는 한 가지 일을 계속할 수 없을 테니까요. 그러니 한 번에 모두 하려 하지 말고 쉽게 끝낼 수 있는 작은 일부터 차근차근 시작해요.

인내심을 키우는 과정에는 또 한 가지 주의해야 할 점이 있어요. 바로 자기 자신에 대한 믿음을 가져야 한다는 점이에요. 자신이 한 가지 일을 오랫동안 지속할 수 있다고 믿어야 하고, 인내심을 가지고 끝까지 해낼 수 있다고 믿어야 해요. 특히 힘들고, 짜증이 나고, 포기하고 싶을 때일수록 속으로 묵묵하게 자신을 격려하고 응원해야 해요.

"버티다 보면 지나갈 거야. 성공이 머지않았어."
"조금만 더 힘내면 성공이야. 여기서 포기하면 처음부터 다시 시작해야 한다고."
"나는 할 수 있어. 별거 아니야."

초조해할 필요는 없어요. 나는 더 잘할 수 있다고 자신을 믿어 보아요.

 **집중력 높이기**

Q. 기말고사를 망쳤어요. 평소 공부하는 시간이 적지 않아 그럴 리가 없는데 말이죠. 엄마가 담임선생님을 만나 상담했는데, 선생님은 제 집중력이 부족한 것 같다고 말씀하셨대요. 수업 시간에 딴짓하고, 공부할 때도 갑자기 멍을 때리는 등 한다면서요. 집중력을 높이고 싶은데 어떻게 해야 할까요?

A. 주의를 집중하지 못하면 확실히 공부하는 데 어려움이 있고, 성적도 좋을 수가 없지요. 이는 실제로 많은 친구가 고민하는 문제이기도 해요. 주의를 집중한다면 학습 능률도 부쩍 오를 거예요. 하지만 집중력을 높이려면 그저 이론만 주입하는 것만으로는 부족해요. 방법에 신경을 써야 해요.

mentality 집중하지 못하는 심리

늘 방에 갇혀 공부하느라 집중력이 별로라는 생각은 하지 못했는데.

어른들이 하는 말은 이해해. 하지만 집중이 잘 안되는 걸 어쩌라고?

주변에 한눈팔 일이 너무나도 많은걸. 나도 어쩔 수 없다고.

어른들이 수시로 간섭하고 재촉하면 금세 정신 차리잖아.

심리분석 & 힌트

1 더 높은 집중력을 가질 수 있다고 굳게 믿자.

2 집중력을 높이려면 이론에만 의지하지 말고 방법을 생각해야 해.

3 그동안 집중력을 발휘하지 못했다면 먼저 마음을 가다듬어 심신의 긴장을 풀자.

연습 & 설명

1 '집중하지 않고 할 수 있는 일'부터 해 보기

간단히 말하면 긴장을 풀고 다시 집중해야 집중력이 더 높아진다는 뜻이야.

지나친 긴장으로 정신적인 피로가 쌓였을 때 집중력이 떨어지기도 해요. 이럴 때는 오히려 자유롭게 탐색하고 스스로 선택할 수 있는 여지가 필요하답니다. 예를 들면 '집중하지 않고도 할 수 있는 일'부터 시작해 긴장을 풀고, 그런 다음 다시 중요한 일에 정신을 집중해 보는 거예요.

2 긍정적인 자기암시하기

이번 수업은 중요해!
이번 수업은 정말 중요해!

집중력을 유지하기 위해서는 일의 중요성을 끊임없이 되뇔 필요가 있어요. 예컨대 수업을 들을 때는 수업에 열중할 수 있도록 중요한 수업이라는 의식을 강화하는 거죠.

127

3 스스로 흥미를 유발하고 동기를 부여해 보기

시험을 잘 보려면 열심히 수업을 들어야 해.

사람은 자신이 좋아하는 일이나 관심이 있는 일에 쉽게 집중력을 발휘한답니다. 그러니 집중력을 유지해야 할 필요가 있을 때는 자신의 흥미를 불러일으켜 보아요. 시험에서 좋은 성적을 거두려면 열심히 수업을 들어야 한다는 식으로 말이지요. 그러면 좀 더 쉽게 수업에 집중할 수 있을 거예요.

4 적당한 방해 차단 연습하기

엄마 아빠가 옆에서 이야기를 나누어도 공부에 영향을 받지 않게 연습하자.

집중력이 눈에 띄게 좋아지고 있다면 간단한 방해 차단 연습에 돌입해도 좋아요. 음악을 틀어 놓는다거나 엄마 아빠가 옆에서 가벼운 대화를 나누는 곳에서 공부해 보는 거예요.

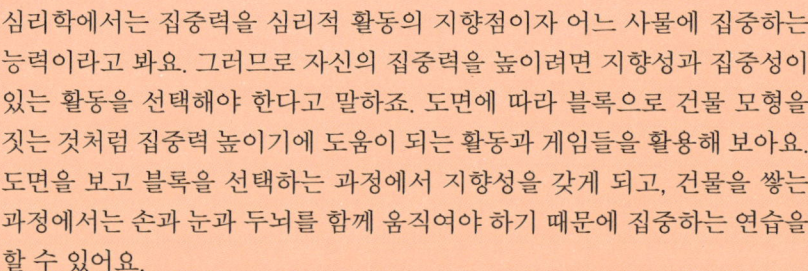

심리학 박사님과 이야기 나누기

심리학에서는 집중력을 심리적 활동의 지향점이자 어느 사물에 집중하는 능력이라고 봐요. 그러므로 자신의 집중력을 높이려면 지향성과 집중성이 있는 활동을 선택해야 한다고 말하죠. 도면에 따라 블록으로 건물 모형을 짓는 것처럼 집중력 높이기에 도움이 되는 활동과 게임들을 활용해 보아요. 도면을 보고 블록을 선택하는 과정에서 지향성을 갖게 되고, 건물을 쌓는 과정에서는 손과 눈과 두뇌를 함께 움직여야 하기 때문에 집중하는 연습을 할 수 있어요.
그런데 블록은 그 자체만으로도 재미가 있기 때문에 집중력을 유지하기가 그리 어렵지 않을 거예요. 또한 독서처럼 비교적 단조롭고 무미건조한 일에 대한 집중력도 단련할 필요가 있어요. 매일 일정 시간(10분~20분 정도) 시간을 정해 놓고 큰 소리로 짧은 문장을 읽어 보아요. 소리 내어 읽으려면 먼저 글자를 봐야 하니 이것이 선택 과정이 되겠죠. 그런 다음 큰 소리로 또박또박, 빠짐없이, 끊김 없이 글자를 읽는 과정은 집중 과정이 될 테고요. 이렇게 장기적으로 조금씩 시간을 늘려 가며 책 읽는 연습을 하다 보면 집중력이 부쩍 좋아질 거예요.

 ## '멀티태스킹'을 대하는 자세

Q. 주말에 친구 몇 명이 집에 놀러 왔어요. 우리는 식사를 하면서 모든 사람이 돌아가며 이야기를 하나씩 하는 게임을 하려 했어요. 하지만 게임을 시작하기도 전에 엄마에게 저지를 당했지요. 엄마는 집중해서 식사를 하고, 밥을 다 먹거든 놀라며 한 번에 두 가지 일을 해서는 안 된다고 하셨어요. 엄마 말씀이 맞는 건가요? 한 번에 두 가지 일을 하면 안 되는 건가요?

A. 엄마 말씀이 맞아요. 식사할 때는 밥을 먹는 데 집중해야지, 게임을 하는 건 적절치 않아요. '한 번에 두 가지 일을 하는 것'이 옳은지 그른지는 구체적인 상황과 장소를 봐야겠지만, 우리 친구들 연령대에는 한 가지 일을 집중해서 해낼 수 있다는 것 자체만으로 칭찬받을 일이랍니다.

mentality
한 번에 두 가지 일을 하게 되는 심리

| 한 번에 두 가지 일을 하는 게 멋져 보이잖아. | 한 번에 한 가지 일만 해야 하다니, 너무 시시해. | 내가 할 수 있다면 한 번에 몇 가지 일을 해도 상관없잖아. | 중요한 일과 덜 중요한 일, 그리고 순서만 구분하면 몇 가지 일을 한꺼번에 해도 괜찮겠지. |

심리분석 & 힌트

1. 때로는 시간을 절약하겠다고 몇 가지 일을 한꺼번에 하기도 하는데 사실 효율적이지는 않아.

2. 체력과 열정에는 한계가 있으므로 동시에 몇 가지의 일을 진행하는 건 그리 효과적이지 않을 거야.

3. 좀 더 체계적으로 문제를 해결할 수 있도록 중요한 일과 덜 중요한 일 그리고 순서를 구분하자.

연습 & 설명

1 '멀티태스킹(다중 작업)'도 상황에 맞게 하기

한 번에 두 가지 일을 동시에 진행하려면 적어도 두 가지 일이 서로 어울려 촉진작용을 일으킬 수 있는 일이어야 해.

한 번에 두 가지 일을 하는 것이 무조건 나쁜 것은 아니에요. 다만 한 번에 두 가지 일을 하려면 그중 한 가지는 익숙하거나 비교적 간단해서 크게 집중력이 필요하지 않은 일이어야 해요. 그 일이 다른 일과 어울려 촉진작용을 일으킬 수 있다면 더 좋고요. 예컨대 감미로운 음악을 들으며 책을 읽으면 음악이 우리의 신경을 이완시켜 독서 효율을 높여 준답니다.

2 집중력을 키우는 단계에는 한 번에 한 가지 일만 하기

지금 집중력을 키우는 성장 단계에 있다는 사실을 잊지 말자.

비행기 조종사가 비행기를 조종할 때 한 번에 여러 일을 처리하는 것을 보고 정말 멋지다고 생각했을 거예요. 하지만 그건 업무적으로 필요한 것이기 때문에 여기서 우리가 말하는 '한 번에 두 가지 일을 하는 것'과는 다른 일이랍니다. 우리는 지금 집중력을 키우는 성장 단계에 있는데, 사실 이 단계에는 한 번에 두 가지 일을 하기란 적합하지 않아요.

3 한 번에 두 가지 일을 해서는 안 되는 상황도 있음을 깨닫기

한 번에 두 가지 일을 해서 부작용을 낳는 경우는 반드시 피해야 해.

어떤 상황에서는 한 번에 두 가지 일을 하는 것이 부작용을 일으킬 수도 있어 바람직하지 않아요. 예를 들어 친구들과 밥을 먹으며 게임을 하거나 이야기를 하는 행동은 타액 분비를 억제해 위장 기능과 소화 기능에 영향을 줄 수 있어요.

4 특별히 중요한 일을 할 때는 한 가지 일에만 집중하기

시험 같은 중요한 일에는 모든 정신을 집중할 필요가 있어!

중요하지 않은 일이라면 '멀티태스킹'을 시도해도 좋지만, 특별히 중요한 일이라면 그 일에만 집중하길 추천해요. 예를 들어 시험 때라면 모든 정신을 집중해야겠지요?

심리학 박사님과 이야기 나누기

멀티태스킹을 하기 전에 한 가지 일에 정신을 집중하는 방법부터 배워야 해요. 심리학에 '포모도로 테크닉'이라고 짧은 시간 동안 정신을 집중하는 방법이 있는데, 이를 시도해도 좋아요. 방법은 간단해요. 타이머로 25분을 설정한 다음 이 시간 동안 다른 일은 하지 않고 최대한 공부에 집중해 보는 거예요.

어쩌면 이 방법을 사용하는 데 거부감이 있을 거예요. 타이머를 설정하고 공부를 한다는 게 부담스럽다고 생각할 테니까요. 그러나 심리학 연구에 따르면 적당한 부담감은 학습 효율을 높여주는 효과가 있다고 해요. 그러니 '시간'에 주의해 25분 동안 공부와 상관없는 다른 일은 미뤄 두고 공부에만 집중해 보아요. 25분 안에 모든 임무를 완료해야 할 필요는 없어요. 그저 25분 동안 한 가지 일을 하는 데 전념하면 돼요. 그런 다음 5분간 휴식을 취하고 다시 새로운 25분을 시작해 보는 거예요. 25분은 짧은 시간이라 이 정도 집중력을 유지하기란 어렵지 않을 거예요.

요컨대 정해진 시간 동안 공부를 하다 보면 집중력을 높여 학습 능률이 올라가고, 좀 더 즐겁게 공부할 수 있을 거예요. 그리고 나머지 시간에는 취미 생활을 할 수도 있으니 기꺼이 하지 않을 이유가 없겠죠?

'작심삼일'과 안녕하기

Q. 엄마 아빠가 여러 학원을 등록해 주셨어요. 처음 학원에 갔을 때는 정말 흥미진진했는데, 시간이 지나고 나니 신선함은 사라지고 살짝 거부감이 들기 시작했어요. 엄마 아빠는 제가 너무 빨리 싫증을 낸대요. 이게 정상일까요? '작심삼일'과 작별하려면 어떻게 해야 할까요?

A. 그럴 수 있어요. 많은 친구가 이와 같은 문제에 맞닥뜨린답니다. 신선함 때문에 생긴 호기심이 어떤 일을 마칠 때까지 유지되지 않을 때도 있기 때문이지요. '작심삼일'과 안녕을 하려면 호기심을 진정한 취미로 바꾸고, 그 일의 '의미'를 깨달아야 해요.

mentality
금세 싫증을 내는 심리

처음에는 재미있는 줄 알았는데 지나고 보니 재미가 없더라고. 그러니 그만할래.

아무리 재미있는 일도 계속하다 보면 싫증이 나잖아.

재미있던 일이 임무로 변질될까 봐 두려워.

엄마 아빠가 기대하실 텐데, 그러기 전에 일찌감치 관두자.

1
확실히 호기심과 꾸준함은 별개야.

2
너무 스트레스받지 말고 단순하게 해 보는 거야. 할 수 있는 만큼 하면 돼.

3
한 가지 일에서 성취감을 얻는다면 그 일을 좋아하게 될 거야.

심리분석 & 힌트

연습 & 설명

1 체력과 열정은 한계가 있으니 너무 많이 선택하지 않기

너무 많은 선택이 독이 될 때도 있어.

우리의 열정과 체력은 한계가 있기 때문에 너무 많은 것을 선택해 고루 힘을 쓰다 보면 금세 싫증이 날 수밖에 없어요. 그러니 학원을 등록할 때도 엄마 아빠와 상의해 너무 많은 학원을 등록하지 않도록 해요. 자신의 상황을 고려해 실질적으로 꼭 필요한 학원만 등록하면 돼요.

2 '의미'가 주는 성취감 느껴 보기

좋아, 한번 곰곰이 생각해 보자.
내가 왜 이 일을 해야 하지?

자신이 계속하고 있는 일에서 즐거움이나 성취감을 얻지 못하면 흥미를 잃기 쉬운데, 이는 지극히 정상적인 현상이랍니다. 특히 때마침 어려움을 겪고 있다면 포기할 확률이 더욱 높아지지요. 이럴 때는 '내가 왜 이 일을 해야 하는지' 그 의미를 생각해 보아요. 그 의미가 즐거움과 성취감을 가져다줄 테니까요.

3 일단 단순하게 시작해 보기

부담을 안고 어떤 일을 하면 더 빨리 위축될 거야.

스트레스는 우리를 움츠러들게 하고, 또 도망가고 싶게 만들어 '작심삼일'의 확률을 높인답니다. 그러니 학원을 등록할 때는 미리 부모님과 대화를 나눠 일단은 제대로 경험하고 즐길 수 있도록 부담은 주지 말아 달라고 말해요.

심리학 박사님과 이야기 나누기

'작심삼일'을 하지 않으려면 한 번 고생으로 모든 것을 해결하려는 생각은 버려야 해요. 그러니 아주 작은 목표를 설정해 연습하는 것부터 시작해요. 매시간을 의미 있게 만들어 과정을 중시할 수 있고, 매 순간의 노력을 가치 있게 만들 수 있도록 말이지요. 그런 다음에는 목표에 대한 기대를 낮춰 차근차근 해 보는 거예요. 완벽을 추구하지 않아야 낙담하지 않고 모든 과정의 의미에 주의를 기울일 수 있거든요. 한 단계, 한 단계 발전하며 자신감을 기르고, 작은 어려움들을 이겨내며 의지를 다지다 보면 조금씩 즐거움을 찾아 확신을 가질 수 있을 거예요.

작은 목표를 세울 때 계획표를 만들어 보는 것도 좋은 방법이에요. 단, 계획표는 현실적이고 구체적이어야 해요. 계획표를 만들 때 보면 실제 상황은 고려하지 않고 그저 머릿속에 있는 그대로 임무들을 나열하는 경우가 많은데, 이렇게 되면 시작부터 포기하고 싶은 마음이 생겨요. 제대로 된 계획표를 짜려면 첫째, 자신이 완수해야 할 작은 임무들을 모두 나열해요. 하루에 하나씩 완수하면 되는 작은 임무여야 해요. 둘째, A4 용지를 꺼내 세로 좌표에는 임무를, 가로 좌표에는 날짜를 적을 수 있도록 표를 만들어요. 셋째, 앞서 나열한 임무를 시간 순서에 따라 미리 만들어 둔 표에 기입하면 완성이에요. 이 계획표에 따라 임무를 완수하다 보면 금세 싫증이 나는 일은 없을 거예요.

31 좋은 습관 유지하기

Q. 엄마 아빠는 항상 제가 좋은 습관을 기를 수 있길 바라세요. 하지만 부모님이 말하는 좋은 습관들은 부모님의 감독 아래 겨우 며칠을 지속할 뿐 결국 포기하게 되더라고요. 엄마 아빠는 끈기가 부족해서라고 말씀하시는데 정말 그런가요? 어떻게 해야 좋은 습관을 꾸준히 유지할 수 있을까요?

A. 좋은 습관을 기르면 좀 더 건강하고 긍정적인 삶을 살 수 있어요. 하지만 지금은 자제력이 떨어지는 성장 단계에 있기 때문에 좋은 습관을 기르는 방법에 신경을 쓸 필요가 있답니다. 그럼 좋은 습관을 기르는 데 도움이 되는 방법을 함께 알아볼까요?

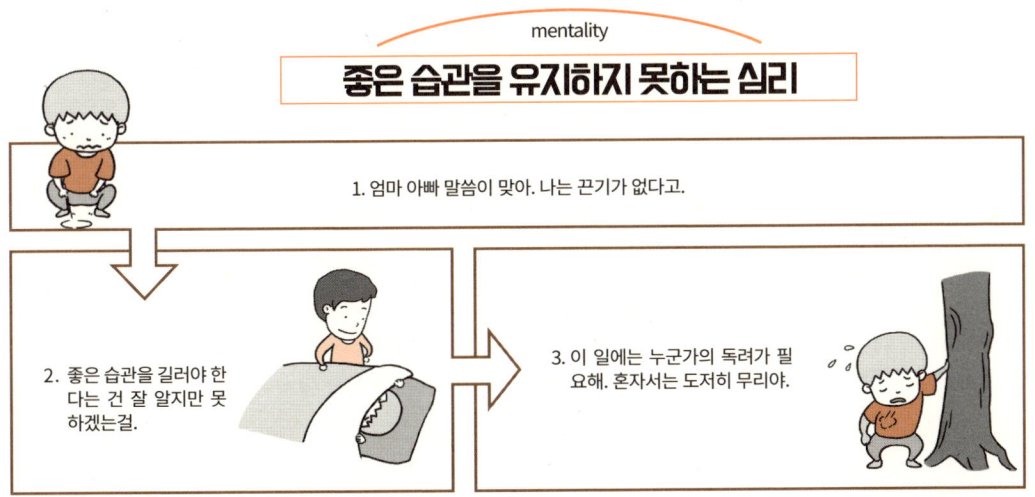

mentality
좋은 습관을 유지하지 못하는 심리

1. 엄마 아빠 말씀이 맞아. 나는 끈기가 없다고.
2. 좋은 습관을 길러야 한다는 건 잘 알지만 못 하겠는걸.
3. 이 일에는 누군가의 독려가 필요해. 혼자서는 도저히 무리야.

심리분석 & 힌트

1. 스스로도 얼마든지 좋은 습관을 기를 수 있어.

2. 좋은 습관을 유지하려면 끈기도 있어야 하지만 방법도 중요해.

3. 조급해하지 말자. 좋은 습관은 하루아침에 만들어지지 않으니까.

연습 & 설명

1 습관 형성 초기에는 게임이나 경쟁심리의 도움받기

습관 기르기를 하나의 게임으로 여기면 훨씬 재미있을 거야.

변함없는 습관은 재미없게 느껴질 수 있어요. 그러니 습관 형성 초기에는 이를 하나의 게임이나 경쟁으로 생각해 봐도 좋아요. 예를 들어 아침에만 양치하고 저녁에는 하지 않는다면 엄마 아빠와 이렇게 약속해 보는 거예요. 양치를 빼먹거나 하지 않는 사람이 있는지 서로를 감시하자고 말이죠. 그러면 더 열심히 이를 닦게 될 거예요.

2 나만의 의식 만들기

나만의 의식 만들기란 사실 좋은 습관을 기르는 일이야.

처음부터 나만의 의식을 가졌다면 좀 더 수월하게 습관을 기를 수 있어요. 예를 들어 일찍 자는 습관을 들이는 중이라면 우유 마시기라든지 30분간 책 읽기 등 잠자리에 들기 전에 반드시 해야 할 일을 한두 가지 만들어 보는 거예요. 이러한 의식은 이 일을 끝내면 잠을 청해야 한다는 사실을 일깨워 줄 거예요.

3 습관도 놀이로 시작하기

놀면서 습관을 기르면 더 효과가 좋을 수 있어.

사실 놀이로 기를 수 있는 습관이 많아요. 놀면 재미가 생기는데 이런 재미는 커 가면서 일상으로 변하게 될 테니까요. 어렸을 때 목욕을 할 때면 엄마가 목욕용 장난감을 준비해 주셨지만 이제는 장난감 없이도 때맞춰 목욕을 할 수 있게 된 것처럼 말이죠.

4 서두르지 말고 자기 자신에게 시간을 주기

중간에 끊기는 건 중요하지 않아. 다시 이어서 시작하면 되니까.

좋은 습관을 기르는 데 중요한 또 한 가지는 바로 심리적인 요인이에요. 조바심을 내지 말고 인내심을 가져야 해요. 습관은 꾸준히 지속하는 게 중요하니, 중간에 멈칫했다고 포기하지 말고 다시 시작해 보아요.

심리학 박사님과 이야기 나누기

심리학 연구에 따르면 좋은 습관을 기르기 위해서는 두 가지 자세가 필요하다고 해요. 하나는 새로운 행동 체계를 세우기 위한 적극적인 자세이고, 또 다른 하나는 낡고 부정적인 행동 체계를 없애려는 자세예요. 새롭고 긍정적인 행동 체계를 세우는 방법은 24시간 동안의 일만 생각하는 거예요. 즉, 하루 동안은 새로운 행동만 하고, 다음 날 다시 이를 반복하는 거죠. 낡고 부정적인 행동 체계를 없애는 방법도 이와 비슷해요. 24시간 동안 최선을 다해 낡은 습관을 내일로 미뤄 보는 거죠.

그런데 문제는 새로운 행동 체계를 세우는 데 집중하느라 낡은 행동 체계를 없애는 데 소홀하기 쉽다는 점이지요. 예컨대 아이스크림을 좋아하는 친구가 아이스크림을 보고 '아이스크림은 내일 먹어도 되니까 오늘은 채소를 먹자'라고 자신에게 말하기란 쉽지 않을 거예요. 이럴 땐 생각을 달리해 보아요. 내일 먹을 수 있는 아이스크림이 남아 있다고 생각하면 부푼 기대를 안고 오늘 하루를 보낼 수 있을 테니까요. 이튿날 아침, 잠에서 깨어나 아이스크림이 생각난다면 다시 한 번 자신에게 말해 보아요.

"내일이면 먹을 수 있어."

이렇게 3, 4일을 반복하면 아이스크림을 먹고 싶다는 생각이 사라지고 자연스레 채소를 먹게 될 거예요.

 ## 자신의 취미 찾기

학교에 가지 않아도 될 때는 가끔 심심하기도 할 거예요. 갑자기 뭘 해야 좋을지도 모르겠고 해서 TV를 보거나 아니면 늦잠을 자겠죠. 그러다가 '내가 좋아하는 일이 있었다면 적어도 할 일이 없어 심심해할 일은 없을 텐데'라는 생각을 할지도 몰라요.

그렇다면 어떻게 해야 자신의 취미를 찾을 수 있을까요? 물론 방법에는 여러 가지가 있답니다. 하지만 먼저 알아야 할 사실이 있어요. 그것은 바로 취미도 공부만큼 중요하다는 점, 그리고 사실 취미란 자신이 잘하고 좋아하는 일이라는 점이에요.

취미를 찾을 때 생길 수 있는 심리 (mentality)

공부 말고 다른 일은 왠지 딴짓하는 느낌이야.	공부해야 할 것이 많아서 다른 일을 할 시간이 없어.	공부 말고는 다 쓸데없는 짓이잖아.	왠지 모르겠지만 다른 일에는 좀처럼 흥미가 생기지 않아.

1
세상엔 공부뿐만 아니라 아름답고 즐거운 일이 많아.

2
공부와 취미생활은 상충되지 않아.

3
호기심을 잘 유지하면 누구나 자신의 취미를 찾을 수 있어.

4
사실 취미도 꾸준히 해야 할 필요가 있어. 그러니 내가 뭘 잘하는지 생각해 보자.

심리분석 & 힌트

연습 & 설명

1 공부와 성적에만 집중하지 않기

공부는 공부고, 취미는 취미지.

흔히 공부와 취미를 대립적인 시각으로 바라보기 쉬워요. 다른 일에 시간을 낭비하지 말고 공부에 열중해야 한다고 생각하는 것이죠. 그러나 사실 이는 잘못된 생각이에요. 공부와 취미는 서로 대립되지 않아요. 때로는 취미가 학습을 촉진하는 역할을 하기도 한답니다.

2 스스로 선택하고 엄마 아빠에게 도움받기

스스로 선택하는 게 중요해. 엄마 아빠의 도움은 부차적인 것일 뿐이야.

피아노, 바이올린, 미술, 축구 등등 사실 등록한 학원들 중에는 자신이 꼭 좋아서 다니는 학원만 있는 것은 아닐 거예요. 자신이 잘하지 못하는 분야가 있을 수도 있고요. 그런데 바로 이러한 점이 스트레스로 작용한답니다. 무언가를 배울 때 자신이 좋아하는 일을 선택해야 하는 이유는 바로 이 때문이에요. 그러니 엄마 아빠의 도움을 받아 자신이 진짜 즐길 만한 취미를 찾아보아요.

3 기꺼이 시도해 성취감 느껴 보기

친구들과 새로운 놀이를 하면서도 자신의 취미를 발견할 수 있어.

자신의 취미를 찾으려면 열린 마음부터 가져야 해요. 그러니 낯선 분야에 자주 도전해 보고, 그 안에서 즐거움과 성취감을 느껴 보아요. 때로는 친구들과 새로운 놀이를 하는 것도 취미를 발견하는 데 도움이 된답니다.

4 습관을 취미로 만들어 보기

내게 어떤 습관이 있는지 생각해 볼까?

아직 취미를 찾지 못했다면 내게 어떤 습관이 있는지 한번 생각해 보아요. 취미로 삼을 만한 습관이 있을지도 모르니까요. 예를 들어 주말마다 엄마 아빠와 함께 미술 전시회를 보러 가는 습관이 있다면 그림 그리기를 취미로 삼을 수 있어요.

 심리학 박사님과 이야기 나누기

독서, 운동, 음악, 화초 키우기, 요리 등 살면서 취미 하나쯤은 있어야 해요. 이러한 취미들이 우리의 삶을 한층 더 새롭게, 또 즐겁게 만들기 때문이지요. 긴장을 풀고 정신을 집중해 취미를 즐기다 보면 편안함과 즐거움을 느낄 수 있고, 다시 이를 윤활유 삼아 일상에 충실할 수 있어요. 취미는 즐거운 일이에요. 하지만 취미를 찾는 과정이 항상 즐겁지만은 않답니다. 어려움을 극복해야 할 필요도 있고요.
그러니 무슨 일이든 용감하게 시도해 꾸준히 지속해 보아요. 처음에는 힘들겠지만 무슨 일이든 자꾸 하다 보면 점점 익숙해져 결국 성취감과 즐거움을 느낄 수 있을 테니까요.
사실 우리가 기꺼이 시간을 들이기만 한다면 무슨 일이든 생각보다 쉽게 입문할 수 있을 거예요. 그러니 지금에 안주하지 말고 과감하게 시도해 보아요. 그러면 분명 자신이 좋아하는 일을 발견할 수 있을 거예요.

여러분의 생각을 써 보아요.
좋은 습관을 유지하려면 평소 어떻게 해야 할까요?

제4장
자기 자신 키우기

★ 시간개념이 필요해!

자기 자신을 더욱더 잘 관리하기 위해 또 어떤 의식을 길러야 하는지 함께 살펴 봐요.

나는 이제 컸어(독립심)

우리는 스스로 자기관리를 잘할 수 있다고 믿어야 해요. 이젠 컸으니까요. 컸다는 건 뭘 의미할까요? 바로 자신의 생각을 갖게 되고, 그만큼 선택권도 많아졌다는 뜻이에요. 아무리 사소한 일이라 하더라도 더 이상 엄마 아빠에게 기대지 않고 스스로 할 수 있는 일이 많아졌다는 의미이기도 해요.

가끔은 엄마 아빠가 바빠서 우리를 돌봐 줄 시간이 없을지도 몰라요. 그러니 최소한 자신이 해야 할 일, 예컨대 밥 먹기, 잠자기, 공부하기 등은 스스로 해요.

생길 수 있는 심리 (mentality)

나는 아직 어리니까 모르는 게 많아도 괜찮아.

내가 안 하면 엄마 아빠가 대신해 주실 거야.

이것저것 생각하기 귀찮아. 시험만 잘 보면 되지, 뭐.

엄마 아빠가 안 보이면 불안해. 나 혼자서는 나를 잘 챙길 수 없다고.

심리분석 & 힌트

1. 나도 이제 컸으니 무슨 일이든 엄마 아빠에게만 기대서는 안 돼.

2. 할 줄 모르면 배우면 돼. 노력해야 뭐든 얻을 수 있다고!

3. 엄마 아빠가 방법이나 기술, 경험 등을 가르쳐 주실 수는 있지만, 결국은 나 스스로 해야 할 일이 더 많아.

연습 & 설명

1 '철이 든다'는 건 뭘까?

노력해야 뭐든 얻을 수 있다는 사실을 깨달으면 철이 들었다고 할 수 있지!

어른들이 "이제 컸으니 철 좀 들어야지!"라는 말을 자주 하시는데, 철이 든다는 건 뭘까요? 철이 든다는 건 두 가지로 나눌 수 있어요. 첫째, 생각과 바람이 많아지는 '요구'와 둘째, 그에 상응하는 능력과 책임을 '대가'라고 하는데 요구와 대가를 이해하는 것이야말로 진정한 '철듦'이라고 할 수 있답니다.

2 실천 능력 강화하기

행동으로 책임지자!

큰다는 건 더 강한 실천 능력을 지녀 자기 일은 되도록 스스로 해결해야 한다는 뜻이에요. 예를 들어 청소의 필요성을 깨달았다면 '깨끗했으면 좋겠다', '정리하고 싶다'라는 생각에만 머물 것이 아니라 실제로 행동을 해야 해요.

3 사고하는 법 배우기

진짜로 성장하려면 사고하는 법을 배워야 해.

큰다는 건 사고하는 방법을 배워야 한다는 의미이기도 해요. 충분히 생각하고 행동하면 충동적인 행동을 피해 더 좋은 결과를 얻을 수 있어요. 진정한 성장이란 단순히 키가 크고 몸이 건장해지는 것이 아니라, 생각하는 힘도 함께 자라는 것이랍니다.

4 도리 지키기

더 이상 기분대로, 느낌대로, 취향대로 행동해서는 안 돼!

큰다는 건 도리를 지킬 줄 알게 되었다는 뜻이기도 해요. 더 이상 기분대로, 느낌대로, 취향대로 행동하지 않는다는 것이지요. 이는 일상 생활에서 소통이나 인간관계 문제를 처리할 때도 더 도움이 될 거예요.

심리학 박사님과 이야기 나누기

'많이 컸다'라는 말에는 점점 더 어른처럼 이성적으로 되어 간다는 의미가 담겨 있어요. 그만큼 합리적으로 적절하게 일 처리를 할 수 있게 되어 간다는 뜻이지요. 사람이 이성적으로 되려면 이성을 강화함과 동시에 감정적으로 일을 처리하는 버릇을 고쳐야 해요. 이성적인 사람은 앞뒤 가리지 않고 충동적으로 행동하거나 감정적으로 행동하지 않거든요.

심리학에서는 좋은 성품이 감정적인 행동을 억제하는 데 도움을 준다고 보고 있어요. 좋은 성품을 기르려면 의지로 감정을 다스리려는 노력이 필요해요. 그렇게 꾸준히 노력을 기울이다 보면 습관이 되고, 더 나아가 정신적 수양을 높일 수 있어요. 굳건한 의지와 각고의 노력 없이는 좋은 성품과 습관을 기를 수 없어요. 그러니 의식적으로 자신의 정신적 수양을 높여 보아요. 불쾌한 감정이 생겼을 때는 성급하게 화를 낼 것이 아니라 일단 참고, 마음을 가다듬으며 어디가 잘못됐는지 잘 생각해 보아요. 그리고 마음이 가라앉으면 그때 다시 문제를 해결해 보는 거예요. 이것이 바로 어른스러운 행동이니까요.

 ## 해서는 안 되는 일들도 있어(경계의식)

어른들에게 자주 버르장머리 없다는 소리를 들었다면, 이는 사람과 사람 간의 경계의식이 부족하다는 뜻이에요. 예를 들면 할아버지, 할머니는 남이 아니니 어리광이나 성질을 부려도 괜찮다고 생각한다거나, 친한 친구의 물건은 마음대로 가져다 써도 된다고 생각한다거나, 나는 아직 어리니까 무슨 일을 해도 엄마 아빠가 용서해 주실 거라고 생각한다는 거죠. 그러나 아무리 가깝고 친한 사람이라고 해도 해서는 안 되는 일들이 있어요. 이를 깨닫고 경계의식을 갖는다면 자기관리를 더 잘할 수 있을 거예요.

mentality
생길 수 있는 심리

우리는 가까운 사이니까 일단 가져다 쓰고 나중에 얘기하지, 뭐. 아마 이를 문제 삼지는 않을 거야.

어른이면 너그럽게 봐주는 게 당연하잖아. 그러니 내 멋대로 심통을 부려도 괜찮을 거야.

내 일이 곧 엄마 아빠의 일이지, 뭐. 부모님이 있으니 게으름을 피워도 괜찮아.

심리분석 & 힌트

1. 사실 상대는 내 생각과 다르게 기분이 나쁠 수 있어.

2. 내 생각이 엄마 아빠의 생각은 아니니까.

3. 친구와 아무리 사이가 좋아도 어떤 일을 하기 전에는 반드시 의논을 해야 해.

4. 상대의 허락을 구하는 게 좋겠지!

연습 & 설명

1 내 생각이 곧 다른 사람의 생각일 거라는 착각 버리기

상대도 내 생각과 같을 거라고 넘겨짚지 말자.

경계의식 없이 행동하는 이유는 상대도 당연히 나처럼 생각할 거라는 착각 때문일 때가 많아요. 내 생각이 곧 상대의 생각일 거라는 착각에 상대를 함부로 대하고, 심지어 무례를 범하기도 하지요. 하지만 사실 상대의 생각이 내 생각과 같지 않을 때가 더 많답니다.

2 사람에겐 누구나 자신의 권리가 있다는 사실 잊지 않기

모든 사람의 권리는 존중해야 해.

사람에겐 누구나 자신만의 권리가 있기 때문에 다른 사람의 권리를 함부로 침해하면 안 된답니다. 경계의식을 가지면 다른 사람에게 무례를 범하는 것을 피할 수 있고, 우리 자신을 보호하는 데에도 도움이 돼요. 우리 역시 우리 자신만의 권리가 있으니까요.

3 경계의식이 있어야 자기 절제의식과 힘을 기를 수 있음을 잊지 않기

'뭐든 괜찮아, 상관없어' 하는 생각은 버려야 해.

스스로 자기 절제력이 부족하다고 느끼는 이유는 경계의식이 없기 때문이에요. 하지만 '이래도 괜찮겠지', '저래도 상관없을 거야'라고 생각하다 보면 결국 자기관리 능력을 잃기 십상이랍니다.

4 먼저 의논하고 행동하기

다른 사람의 생각을 알 수 없기 때문에 경솔하게 행동하면 실수하기 쉬워.

의논하고 행동하는 것이 경솔하게 행동하는 것보다 나아요. 친구의 도움이 필요한 일이 있다고 예를 들어 보죠. 이때 친구는 도움을 주길 원치 않거나 도움을 줄 수 없는 상황일 수 있어요. '당연히 도와줄 거야', '도와줘야 맞지'라고 일방적으로 넘겨짚지 말고 먼저 상대의 의견을 물어야 하는 이유는 바로 이 때문이에요.

심리학 박사님과 이야기 나누기

존중하는 마음은 매우 중요해요. 예의 바르고 규칙을 잘 지키면 주변 사람들에게 유쾌함과 편안함, 따뜻함을 줘 인기가 많지만, 무례하고 규칙을 어기면 사랑을 받지 못하고, 친구들조차 멀리할 거예요. 예의는 공경하는 마음에서 비롯되니, 공경하는 마음을 키우면 선을 넘지 않고 분별력 있게 행동할 수 있을 거예요. 예의와 규칙에 대한 지식은 책이나 학교에서 배울 수 있지만, 공경하는 마음을 기르려면 일상생활에서의 실천이 조금씩 쌓여야 해요.

공경하는 마음을 기르는 관건은 자신을 낮추는 법을 배우는 데 있어요. 그러니 자신이 늘 중심이 되어 군림해야 한다는 생각은 버려요. 부모님께 물 떠다 드리기, 할머니·할아버지 도와드리기, 가족의 신발 정리하기, 부모님을 도와 침대 정리하기, 쓰레기통 비우기 등 평소 웃어른 돕기를 자청해 보아요. 그러다 보면 이런 사소한 일들이 조금씩 몸에 배어 자연스럽게 공경하는 마음을 갖게 될 거예요.

 # 규칙을 지키지 않으면 세상이 혼란해질 거야(규칙의식)

규칙의식을 갖는 것 또한 자기관리의 중요한 한 부분이에요. 규칙과 질서는 우리 삶의 기본 규범으로, 이를 잃으면 많은 일이 어그러진다는 사실을 알아야 해요.

규칙 중에는 명문화되지 않고, 서로 간의 암묵적인 약속이나 공동으로 준수해야 할 필요가 있다고 느끼는 행동규범으로만 이루어진 것도 있어요. 예를 들면 대중교통을 이용할 때 줄서기, 도서관에서 큰 소리로 떠들지 않기, 공원에서 꽃 꺾지 않기 등처럼 말이죠. 한편 교통 법규나 시험 수칙 등처럼 명문화된 규칙도 있어요. 사람과 사람 사이의 약속과 다짐 등은 마음 규칙의 일부랍니다.

생길 수 있는 심리 (mentality)

너희는 지키려면 지켜. 난 지키고 싶지 않으니까.	그때 약속을 하긴 했지만, 지금 번복할래.	가끔 규칙을 어겨도 괜찮잖아?	다른 사람에게 들키지만 않으면 규칙을 어겨도 괜찮아.

심리분석 & 힌트

1. 규칙을 지켜야 해. 그렇지 않으면 세상이 혼란해질 거야.

2. 누구나 마찬가지야. 예외는 없어.

3. 함부로 새치기하고 큰 소리로 떠드는 사람은 싫지 않아?

4. 맘대로 규칙을 어기는 사람은 믿을 수 없어.

연습 & 설명

1 공공질서 지키기

공공질서는 반드시 지키자!

규칙 준수의 기본은 공공질서 지키기예요. 도로에서 운전할 때 교통 법규를 지켜야 하는 것처럼, 학교에서도, 식사할 때도, 대중교통을 이용할 때도 지켜야 할 저마다의 규칙이 있는데 그것이 바로 공공질서랍니다. 공공질서의 선을 넘으면 나쁜 결과를 초래하게 되고, 그에 상응하는 벌을 받아야 해요.

2 약속과 다짐 지키기

약속과 다짐을 지키는 일도 규칙 지키기 일환이야. 우리 스스로 해야 할 일이라고.

약속과 다짐에는 강제성이 없는 경우가 많지만 그래도 스스로 자각을 가져야 한답니다. 예컨대 자신이 한 말은 꼭 행동으로 옮기기, 자신이 승낙한 일은 반드시 완수하기 등이 모두 규칙 준수의 첫걸음이에요.

3 자기중심적으로 생각하지 않기

규칙을 중심으로 생각하자!

규칙의식은 자기중심적인 사고와 큰 연관이 있어요. 자기중심적으로 생각하다 보면 자신을 방임하기 쉬운 만큼 자기통제와 자기관리에서 멀어져 규칙을 위반하게 돼요.

심리학 박사님과 이야기 나누기

우리는 규칙으로 가득한 사회에서 살고 있어요. 규칙을 정하는 이유는 사람들의 행동을 규범화해 사회의 화합과 안정을 보장하기 위해서예요. 규칙의식을 갖지 못한다면 앞으로 이 사회에서 설 자리를 잃게 될 테고, 훌륭한 사람이 되는 것은 꿈도 꾸지 못할 거예요. 그러니 지금부터라도 규칙을 익히고, 규칙을 지키며 조금씩 습관을 들여 보아요.

사회심리학에 따르면 인간은 타인(본보기)의 행동과 그 결과를 관찰하는 일을 통해서만 복잡한 모종의 행동을 배울 수 있다고 해요. 그러니 평소 일상생활에서 부모님이나 다른 사람들이 규칙을 지키는 모습을 주의 깊게 관찰하고 배워야 해요. 또한 규칙 준수에 관한 애니메이션이나 이야기도 많으니 부모님과 함께 찾아보고 규칙을 준수했을 때와 규칙을 위반했을 때 집단에 미치는 영향에 관해 이야기를 나눠 보아요. 그러면 규칙의식이 조금씩 강화되어 규칙에 맞는 좋은 행동 습관을 기를 수 있을 거예요.

시간을 관리해야 해(시간개념)

자기관리를 못하는 이유는 시간개념이 없어서일 수도 있어요. 시간개념이 없으면 자꾸만 꾸물거리게 되고 결국 재촉을 받게 되거든요. 제때 시간을 잘 지켜야 한다는 사실도, 언제 무슨 일을 해야 할지도 모르고 또 일의 우선순위도 구분하지 못하게 되지요.

시간개념은 규칙적인 생활 습관, 공부 습관을 기르는 데 도움 될 뿐만 아니라 뒤죽박죽 혼란한 일상도 질서정연하게 만들어 준답니다. 시간은 성장의 척도예요. 그러니 이를 잘 활용해 시간개념이 있는 사람으로 거듭나도록 노력해 보아요.

mentality
생길 수 있는 심리

- 뭐가 시간 낭비지? 시간은 쓰고 또 써도 다 못 쓰는 거 아닌가?
- 아직 시간이 많으니까 괜찮아. 나중에 하자!
- 조금밖에 안 늦었으니 괜찮겠지.
- 기껏해야 한꺼번에 몰아 하는 것밖에 더 되겠어?

심리분석 & 힌트

1. 올바른 시간개념을 갖고 시간을 낭비하지 말자!

2. 시간을 지키는 사람이 되어야 해.

3. 끝날 시간이 다 됐으니 조금만 더 힘내자!

4. 해야 할 일을 먼저 끝내면 나머지 시간을 자유롭게 쓸 수 있어.

연습 & 설명

1 시간 낭비하지 않기

우리가 시간이 없다고 느낄 때는 이미 늦은 거야.

우리는 보통 시간이 없다는 위기의식 없이 아직 시간이 많다고 생각해요. 그래서 어떤 일을 할 때도 긴박감을 느끼지 못하다가 마지막에 가서야 시간이 없다고 느끼죠. 하지만 그때는 이미 늦는답니다. 시간은 끝이 없을 것 같지만 우리에겐 해야 할 일도 많다는 걸 알아야 해요. 시간을 낭비하지 않는다는 것은 '정해진 시간 안에 마땅히 해야 할 일을 가능한 한 많이 하는 것'이에요.

2 시간 지키기

내가 시간을 지키지 않으면 다른 사람에게 영향을 줄 수 있어.

시간을 지키지 않아도 괜찮다고 생각하는 이유는 우리가 시간을 어겼을 때 다른 사람에게 얼마나 큰 영향을 줄 수 있는지 모르기 때문이에요. 그런데 우리가 시간을 지키지 않으면 사실 다른 사람의 시간을 낭비하는 것과 마찬가지랍니다.

3 시간 분배하는 법 배우기

시간을 분배할 줄 알면 시간도 우리에게 친절할 거야.

시간이 많아 보여도 이를 제대로 분배할 줄 모르다면 우왕좌왕할 거예요. 그래서 시간을 분배하는 방법을 배우는 건 매우 중요하답니다. 매일 어느 시간에 공부하고 운동할지, 또 얼마만큼의 시간을 사용할지 등을 정해 보아요. 무엇보다도 대략적인 개념을 가지고 자신의 생활을 좀 더 분명하게, 더욱 질서 있게 만드는 것이 좋아요.

4 간단한 시간의 법칙을 이해하고 전후 순서 알기

어쩔 수 없어. 해돋이를 보려면 일찍 일어나야 해.

간단한 시간의 법칙을 이해하고 모든 일에는 전후, 우선순위가 있음을 아는 것도 시간개념의 하나예요. 이렇게 되면 기다림이 필요한 일은 무엇인지, 또 '이 일을 해야 다음이 있는' 일은 무엇인지를 알 수 있어요. 예를 들어 일찍 일어나지 않으면 해돋이를 볼 수 없는 것처럼 말이지요.

심리학 박사님과 이야기 나누기

시간개념을 기른다고 할 때 가장 먼저 외부의 도움, 예를 들면 부모님께 주의를 달라고 부탁하는 방법을 떠올렸나요? 하지만 무엇보다도 다른 사람의 시간을 소중히 여기고, 타인을 존중할 줄 알아야 한다는 사실을 되뇌며 스스로 긴박감을 갖는 것이 가장 좋은 방법이랍니다. 시간을 지키지 않아 생겼던 피해를 생각하며 지금부터 자신이 해야 할 일들을 미리 준비해 보아요. 먼저 자기 생각을 정리해 반드시 해야 할 중요한 일들을 다이어리나 달력에 적는 거예요. 그러면 마음의 준비가 되어 있어 일할 때도 훨씬 수월할 거예요.

1일, 1주일, 1개월, 1년을 단위로 시간표를 만들어 보는 것도 좋은 방법이에요. 그중에서도 매일 그날의 시간 계획표를 짜고, 중요한 일과 덜 중요한 일에 따라 급한 일과 급하지 않은 일을 나누는 것이 가장 좋아요. 반드시 해야 할 일을 먼저 끝낸 다음 비교적 중요한 일을 하고, 그리 중요하지 않은 일은 나중에 천천히 할 수 있도록 하는 것이지요. 이때 손목시계를 1~2분 정도 느리게 설정해 자신의 시계가 느리니 좀 더 서두르지 않으면 일을 다 끝내지 못할 수 있다는 사실을 항상 상기하는 방법을 추천해요.

37 나 자신을 통제해야 해(자제력)

자제력은 자기관리를 위해 가장 필요한 아주 멋진 능력이에요. 그렇다면 대체 자제력이란 무엇일까요? 간단한 예를 들자면 짜증을 내고 싶을 때 자신의 감정을 통제하고, 생떼를 부리고 싶을 때 곧바로 자신을 제지할 수 있는 능력을 말해요.

자제력을 배우고 이를 일상생활 속의 자연스러운 습관으로 만들려면 첫째, 자신을 방임해서는 안 되며 둘째, 어떤 일을 하기 전에 머리를 굴려 많이 생각해 봐야 해요.

mentality
생길 수 있는 심리

짜증도 못 내고, 떼도 부리면 안 된다니
너무 피곤하잖아.

자제력은 무슨, 하고 싶은 대로 하는 게
얼마나 좋은데.

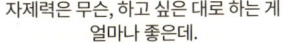

너무 앞서가네. 자제력은 나중에 발휘하고
지금은 조금 제멋대로 굴어도 괜찮잖아.

바라는 게 너무 많아서 자제력을
배울 수 있을지 모르겠네.

심리분석 & 힌트

1. 자제력을 배워 어떤 일을 하기 전에 충분히 생각해 볼 필요가 있어.

2. 자신의 감정도 제어하지 못하면서 어떻게 다른 일을 잘할 수 있겠어?

3. 모든 사람이 자제력 없이 제멋대로, 이기적으로 행동한다면 엉망진창이 되지 않을까?

연습 & 설명

1 감정을 조절하고 이성 배우기

되는지 안 되는지, 옳은지 그른지를 여러 번 물어보자.

자제력에 가장 중요한 요소는 감정을 제어하는 일이에요. 감정을 조절해 이성적으로 문제를 대하는 방법을 배워야 해요. 즉, '되는지 안 되는지', '옳은지 그른지' 등을 두루 고려하는 방법을 배워야 해요.

2 날 때부터 우리에게 맞춰 줘야 하는 사람은 없다는 사실 알기

자제할 줄 모르고 다른 사람에게 상처를 주는 건 나 자신에게도 무책임한 행동이야.

절제하지 못하고 제멋대로, 이기적으로 행동할 때 아마도 이런 생각을 할 거예요.
'기분 나빠. 내가 하고 싶다는데, 당연히 내게 맞춰 줘야 하는 거 아니야?'
그러나 날 때부터 우리에게 맞춰 주어야 하는 사람은 없답니다. 우리의 제멋대로인 행동이 다른 사람에게는 상처가 될 수 있다는 뜻이지요. 물론 이는 우리 자신에게도 무책임한 행동이에요.

3 안전과 건강을 제일로 생각하기

위험하거나 건강을 해칠 수 있는 일은 절대 해서는 안 돼!

무슨 일을 하든지 안전과 건강을 최우선으로 생각해, 위험하거나 건강을 해칠 수 있는 일은 절대 해서는 안 돼요. 안전과 건강을 제일로 생각하는 습관을 들이면 자기통제 능력이 생겨 자신을 좀 더 잘 관리할 수 있어요.

4 법의식 갖기

법의식을 조금씩 키워 나아가자!

자제력을 키우는 데에는 법규처럼 외부적인 요소가 도움 되기도 해요. 비록 우리가 아직 어리기는 하지만 그래도 얼마든지 법의식을 가질 수 있답니다. 자신의 머릿속에 '해도 될 일과 해서는 안 될 일'에 대한 행동규범을 세워 보아요.

자제력을 배우는 열쇠는 의지를 가지고 자신의 성격 중 독립성을 가진 좋은 성품을 기르는 데 있어요. 여기서 의지란 자신의 목표를 분명히 알고, 어려움을 극복하겠다는 용기를 내 결심을 굳게 하는 힘을 말해요. 목표가 있다면 자신의 감정에 흔들리지 말고 과감히 앞으로 나아가 어떻게든 소기의 목적을 달성해 보아요. 이때 단기적인 목표로 시작해 목표 달성 후 천천히 장기적인 목표로 업그레이드하는 것이 좋아요.

다만 의지력을 키운다고 해서 무작정 감정을 참고 억눌러야 한다는 건 아니에요. 심리학 연구에 따르면, 부정적인 감정은 우리 몸에 독소를 만들어 오랫동안 이를 참거나 억누르면 우리의 몸에 해가 된다고 해요. 요컨대 감정을 처리하는 방법을 배울 필요가 있다는 뜻이지요. 적당한 방법으로 부정적인 감정을 해소해 충동적인 행동은 피하고 정서적인 안정을 유지할 수 있어야 해요. 예컨대 운동이나 명상, 애니메이션 감상, 공원 산책, 봉사 활동 등은 마음을 가라앉히는 데 좋은 방법이랍니다.

심리학 박사님과 이야기 나누기

 누구나 책임을 져야 해(책임의식)

'나는 아직 어려서 아무 책임도 짊어질 필요가 없다'는 생각에 더 아무렇지 않게 고집을 부리거나 게으름을 부리나요? 자신에게 피해가 될까 두려워 생떼를 부리다 도리어 자기 자신을 제대로 관리하지 못하곤 하나요?

사실 사람에게는 누구나 마땅히 짊어져야 할 책임이 있어요. 물론 어릴 때는 그 책임이 작지만 커 갈수록 책임은 늘어난답니다. 자기 자신만 책임지면 되는 때에서 가족에 대한 책임을 지고, 사회에 대한 책임을 져야 하는 때가 오니까요. 이렇게 책임이 늘어나는 것은 성장의 과정을 지나고 있다는 뜻이기도 해요.

mentality
생길 수 있는 심리

나는 아직 어리니까 무슨 책임을 지지 않아도 괜찮겠지.

책임은 엄마 아빠가 대신 져 주시잖아?

부담이 너무 커. 난 감당하지 못할 거야.

나 자신만 잘 관리하면 되지, 다른 일이 나와 무슨 상관이야?

심리분석 & 힌트

1. 사람은 누구나 자신의 책임이 있어.

2. 자기 나름의 생각을 가져야 한다는 건 그에 따른 책임도 져야 한다는 뜻이야.

3. 잘못했으면 인정을 하는 책임감 있는 사람이 되자.

4. 조금의 책임도 지지 않는 사람은 친구들과 함께 어울릴 수 없을걸?

연습 & 설명

1 스스로를 책임지기

나를 돌보는 법부터 배우자!

책임감 있는 사람이 되려면 자기 자신을 돌보는 방법을 배워 스스로를 책임져야 해요. 밥을 먹고, 잠을 자는 일상적일 일부터 시작해 내 빨래, 내 방 청소는 내가 하기 등을 시도해 보아요. 처음에는 엄마 아빠에게 도움을 받아도 좋아요.

2 가정에 대한 책임, 공부에 대한 책임을 지기

가정에서의 책임을 다하는 사람이 자신에 대한 책임도 다할 수 있는 법이지.

평소 공부에만 신경을 쓰느라 집안일을 전혀 하지 않는 경우가 많겠지만 사실 우리는 가정에서 져야 할 책임도 있답니다. 엄마 아빠를 도와 집안일을 분담하는 것이 가정과 가족에 대한 사랑과 책임감을 키우는 데 도움이 되기도 하고요. 가정에서의 책임을 다하는 사람이 자신에 대한 책임도 다할 수 있거든요. 또한 입학 후에는 공부에 대한 책임을 다해 부모님의 걱정을 덜어 드려야 해요. 공부는 우리 자신의 일이니까요.

3 단체에 대한 책임지기

나보다 약한 친구들을 돌봐 주자.

집을 떠나면 우리는 학교, 학급, 서클 등 작은 사회단체에 속해 이에 대한 책임을 갖게 돼요. 그러니 단체의 일원으로서 조금 더 많은 일을 해 보아요. 다른 친구들, 특히 자신보다 약한 친구들을 더 많이 챙겨 주어요.

4 스스로 결과를 책임지고 잘못을 인정할 줄 알기

스스로 잘못을 인정하는 것은 책임감 있는 행동이야.

책임감이 있느냐 없느냐는 잘못을 인정할 줄 아느냐 모르느냐에 따라 알 수 있어요. 자신이 어떤 잘못을 저질렀다면 이를 인정하고 결과를 책임질 줄 알아야 해요. 그런 다음 다시는 같은 잘못을 반복하지 않도록 스스로 보완책을 마련해야 해요.

 심리학 박사님과 이야기 나누기

책임의식을 기르는 방법은 간단해요. 일상생활의 사소한 일부터 시작하면 되거든요. 이는 책임감을 기르는 지름길이기도 해요. 무슨 일이든 무조건 부모님께 기대려 하지 말고 자기 일은 스스로 해 보아요. 이것이 책임 있는 행동이니까요.

스스로 책임을 진다는 건 자신의 잘못에 책임을 진다는 의미이기도 해요. 자신이 어떤 잘못을 저질렀을 때 이를 인정하지 않고 온갖 핑계를 대며 책임을 회피하려고 하면 같은 잘못을 되풀이해 '더 그럴싸한 핑계'를 찾아야 하는 상황에 놓이게 돼요. 처음부터 변명의 길을 차단하고, 용감하게 자신의 잘못을 마주해 책임을 져야 하는 이유는 바로 이 때문이에요. 그래야 자신의 잘못에서 교훈을 얻고, 실패를 통해 배우며 성장할 수 있어요.

또한 가정생활에 적극적으로 참여해 부모님께 자신의 생각을 이야기하고, 집안일도 해 보아요. 부모님의 마음을 들여다보고 부모님의 걱정을 내 걱정으로 삼아 보아요. 이러한 일들이 모두 가족에 대한, 그리고 부모님에 대한 책임 있는 행동이니까요.

여러분의 생각을 써 보아요.
좋은 습관을 유지하려면 평소 어떻게 해야 할까요?

제조년월: 2021년 5월 20일 제조자명: 오렌지연필
주소: 경기도 고양시 덕양구 화중로 130번길 32 파스텔프라자 502호
전화번호: 070-8700-8767 사용연령: 8세 이상 제조국명: 대한민국
사용상 주의사항: 모서리가 날카로우니 주의하세요. 던지거나 심한 충격을 주지 마세요.
KC마크는 이 제품이 공통안전기준에 적합하였음을 의미합니다.

**초등학생을 위한
좋은 심리 습관
3 자립심이 높은 아이**

초판 1쇄 인쇄 2021년 6월 1일
초판 1쇄 발행 2021년 6월 10일

지은이 | 샤오허 심리연구소
옮긴이 | 원녕경
펴낸이 | 박찬욱
펴낸곳 | 오렌지연필
주　　소 | 경기도 고양시 덕양구 화중로 130번길 32 파스텔프라자 502호
전　　화 | 070-8700-8767
팩　　스 | 031-814-8769
메　　일 | orangepencilbook@naver.com

본　　문 | 미토스
표　　지 | 쏭이

ⓒ 오렌지연필

ISBN 979-11-89922-23-8 (74320)
　　　979-11-89922-27-6 (세트)

* 잘못 만들어진 책은 구입처에서 교환 가능합니다.